LK⁷ 6220

PARIS
ET
LES PARISIENS
EN 1835.

IMPRIMERIE DE H. FOURNIER,
RUE DE SEINE, N. 14.

PARIS

ET

LES PARISIENS

EN 1835.

PUBLIÉ PAR MADAME TROLLOPE.

TOME PREMIER.

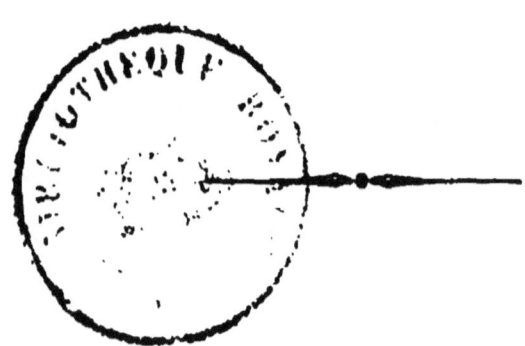

PARIS,
LIBRAIRIE DE H. FOURNIER,
RUE DE SEINE, N° 14.

1836.

PRÉFACE [*].

Depuis que l'homme a commencé à écrire et à lire; je dirai plus, depuis qu'il a commencé à parler, la vérité, l'immortelle vérité a été l'objet d'un culte ostensible de la part de tous ceux qui ont lu et de tous ceux qui ont écouté; elle est incontestablement révérée avec sincérité par tout le genre humain, et pourtant dans les détails de leur conduite journalière, la majorité des hommes souvent la prennent en haine et supportent la douleur physique, les contrariétés, les chagrins, avec plus de patience

[*] Cette préface doit être placée en tête du premier volume.

que sa respectable voix, du moment où elle ne répond point à leur propre opinion.

Les préventions s'emparent généralement de l'esprit avec plus de force que ne peut en acquérir le raisonnement le plus clair et le plus évident par lequel on cherche à les détruire, et quand il arrive que ces préventions s'unissent à un désir sincère d'avoir raison, on les prend pour des principes, et dans ce cas les tentatives que l'on fait pour les ébranler sont non-seulement regardées comme une folie, mais encore comme un crime.

Fortement convaincue de ce que je viens de dire, il a fallu de ma part un certain courage moral pour publier ces volumes, car ils ne sont conformes à l'opinion de personne, et ce qu'il y a de pis, c'est qu'il s'y trouve bien des choses qui pourront être considérées comme en opposition même avec la mienne. Si avant d'aller à Paris j'avais écrit un livre pour défendre les opinions que j'avais sur l'état de la France, il aurait différé en bien des points de celui que je donne aujourd'hui au public; mais en profitant des dernières occasions que j'ai eues de voir des personnes distinguées de toutes les classes, j'ai appris bien des choses que j'ignorais profondément, comme tant d'autres personnes les ignorent encore. J'ai trouvé le bien où je m'attendais à voir le mal; la force où je croyais rencontrer la faiblesse, et la prévoyante sagesse de prudens législateurs, travaillant à la prospérité de leur pays, au lieu des indigestes théories d'un gouvernement révolutionnaire, ne montrant de l'activité que quand il s'agit de conduire en aveugle la populace trompée qui met en lui sa confiance.

Le résultat en a été chez moi d'abord de l'incertitude, et puis un changement d'opinion, non pas en ce qui concerne les lois immuables qui doivent régler la succession héréditaire ou le regret qu'il ait jamais été jugé nécessaire de violer ces lois; mais sur la manière la plus sage de gouverner la nation française, telle qu'elle est maintenant située, afin de réparer les graves maux qui lui ont été causés par de précédentes convulsions, et empêcher qu'elle ne soit exposée au danger de les voir se renouveler dans l'avenir.

Il est impossible de douter que le gouvernement actuel de la France ne s'occupe avec constance, sagesse et courage, de ces objets; et les personnes qui prennent le plus à cœur la cause sacrée d'une autorité bien réglée, chez toutes les nations de la terre, devraient être les premières à rendre témoignage de cette vérité.

London, décembre 1835.

PARIS

ET

LES PARISIENS EN 1835.

LETTRE PREMIÈRE.

Difficulté de rendre compte systématiquement de ce qui se passe aujourd'hui en France.—Plaisir de revoir Paris après une longue absence. — Ce qu'il y a de changé. — Ce qui est resté de même.

Paris, 11 avril 1835.

MA CHÈRE AMIE,

En me disposant à visiter Paris, j'ai bien certainement eu l'intention de publier mon opinion sur ce que je verrais ou entendrais dans cette capitale; et afin d'être aussi fidèle que possible dans ma description, je m'étais proposé de suivre mon ancienne habitude et d'inscrire dans mon journal tout ce qui me paraîtrait offrir quelque intérêt, les grandes choses comme les petites. Mais la tâche que je me suis imposée m'effraie. Il n'y a encore que peu de jours que je suis arrivée ici, et déjà je m'aperçois que mon journal s'étend bien plus que je ne l'aurais voulu. Je me vois embarrassée dans un tel labyrinthe de sujets intéressans, que si je voulais les décrire avec un ordre et une règle quelconque, je me verrais entraînée dans une entreprise bien au-dessus de mes forces.

Tout ce que je pourrais me flatter de faire serait d'effleurer les objets, et en vous écrivant j'aurai du moins cet avantage, que je me dissimulerai à moi-même la présomption qu'il y aurait de ma part à vouloir écrire un *ouvrage sur la France*, et il me semble que je ne fais que jeter mes notes dans une forme un peu moins familière.

Je m'entretiendrai donc avec vous, comme je le pourrai, des choses qui auront fait le plus d'impression sur moi au milieu des innombrables objets qui frappent de tous côtés mes yeux, et des sons qui retentissent de toutes parts à mon oreille. Si plus tard, nous nous décidons, d'un commun accord, à faire passer ces lettres sous les regards du public, j'ose croire que mes lecteurs ne seront pas assez exigeans pour prétendre que je les instruise en détail de tout ce qui a rapport aux destinées passées, présentes et futures de ce remarquable pays.

Il faudrait en effet que ma plume fût bien hardie pour essayer d'écrire sur la *Jeune France*, comme on se plaît à l'appeler, avec un ordre ou une précision quelconque, dans un moment où je suis encore environnée de toutes les singulières nouveautés qu'elle me présente. Raisonner sur ce qu'elle a fait, sur ce qu'elle fait encore, et, ce qui est bien plus difficile, sur ce qu'elle s'apprête à faire, quand on ne s'est pas encore bien rendu compte de ce qu'elle est, exigerait une tête plus forte que n'en possède la généralité des personnes.

A dire la vérité, je suis portée à croire que mes descriptions ressembleront beaucoup à ces vers énigmatiques dont on amuse les enfans.

J'ai vu un lion avec une queue enflammée,
J'ai vu une comète faire tomber de la grêle,
J'ai vu un nuage, etc.

Or, ces vers offrent des vérités toutes simples et toutes naturelles, et le merveilleux ne gît que dans la manière de placer la virgule. Ce sera donc à vous, et aux autres lecteurs que je pourrai avoir, que j'abandonnerai le soin de ponctuer mon récit, et je me bornerai à dire : « J'ai vu ; » car ce n'est pas d'aujourd'hui que je sais que s'il est assez facile de voir ou d'entendre, il n'est pas toujours sûr que l'on ait bien compris ce que l'on a vu ou entendu.

Il y a tout juste sept ans et sept mois que j'ai visité pour la dernière fois la capitale de la *Grande Nation*. Cet intervalle est long, si on le considère comme faisant partie de la vie de l'homme, mais qu'il est court quand on réfléchit aux évènemens qu'il a amenés ! J'ai laissé le blanc drapeau de la France flottant gaiement sur un palais, et je le retrouve arraché, foulé aux pieds. Les lis si renommés, qui pendant tant de siècles furent le symbole de la valeur chevaleresque, sont partout effacés, et l'on dirait que l'écu de saint Louis et de François Iᵉʳ est brisé et renversé pour toujours.

Mais tout cela, dit-on, était des vieilleries. La France est rajeunie, et l'on m'assure que, d'après l'état actuel de l'esprit humain, les choses ne devaient pas se passer autrement. La chevalerie, la gloire, les écussons, les bannières, la foi, la loyauté, et autres bagatelles de ce genre, sont toutes passées de mode. On me dit qu'il suffira que je jette les yeux autour de moi pour me convaincre que la génération actuelle des Français sait parfaitement bien s'en passer ; et l'on ajoute que cette occupation sera beaucoup plus profitable et plus divertissante pour moi que de pleurer sur les vieux souvenirs de leur ancienne grandeur.

La sagesse de cette observation m'a paru si évidente que j'ai résolu d'en profiter ; je me rappelai qu'étant Anglaise ce n'est pas précisément à moi qu'il convient de porter le deuil de la gloire déchue de la rivale de ma patrie. Dorénavant donc je tâcherai, tant que je pourrai, d'oublier le drapeau tricolore qui me déplaît, quand ce ne serait que parce qu'il jure singulièrement avec les règles du blason, et je ne songerai qu'à m'amuser, affaire à laquelle on ne se livre nulle part aussi facilement qu'à Paris. Depuis que j'ai quitté Paris, j'ai fait le demi-tour du globe, mais rien de ce que j'ai vu dans mes voyages n'a pu affaiblir le sentiment de plaisir avec lequel je rentre dans cette ville gaie, brillante, pleine de bruit et de mouvement, dans cette ville que, plus que tout autre, on peut appeler la Cité des Vivans.

Et, en effet, où trouver un lieu dont le souvenir fasse paraître triste l'air de joie perpétuelle qui règne à Paris? Y a-t-il dans le monde entier des assemblages d'objets d'arts aussi jolis et aussi variés que ceux qui s'y rencontrent à chaque pas? Quel est le pays où l'ame, oppressée de chagrins, puisse avec plus de facilité oublier un instant ses peines? Il doit vraiment être froid, usé et mort, le cœur qui ne bondit pas de plaisir en revoyant Paris après une longue absence.

Car, quoique un trône ait été renversé, les Tuileries restent encore; quoique le principal tronc d'un arbre, vraiment royal, ait été déraciné, une pousse qui restait et qui s'était égarée au loin a été soigneusement barricadée, arrosée, cultivée, afin de le remplacer. Les boulevarts sont toujours les mêmes; et il n'est point de révolution, si violente qu'elle soit, qui puisse faire disparaître cette légère et précieuse essence des attraits de Paris. Les fondemens de la société se sont ébranlés, et les vieux ormes des boulevarts continuent à jeter leur ombrage sur une foule bigarrée, que l'on pourrait prendre, si ce n'était pour l'imagination toujours active des marchandes de modes et des tailleurs, pour la même qui se réunissait gaiement sous leur vert feuillage quand ces arbres étaient jeunes encore.

Puisqu'il en est ainsi, et puisque divers autres charmes, dont je parlerai à leur tour, continuent à proclamer que Paris est toujours Paris, il y aurait de la folie à passer le temps de notre séjour ici à rêver d'un passé qui n'est plus, au lieu de nous efforcer d'être aussi éveillés que possible pour bien jouir d'un présent qui existe.

Adieu.

LETTRE II.

Absence de l'ambassade anglaise. — Menace du P...
Monstre. — L'église de la Madeleine. — La Statue de
Napoléon.

———

Il serait difficile de décider si l'époque actuelle est favorable ou non à l'arrivée des voyageurs anglais à Paris.

L'espèce d'interrègne qui a lieu dans notre ambassade nous prive du centre autour duquel a coutume de se mouvoir tout ce qu'il y a de plus brillant dans la société anglaise; mais d'un autre côté, l'approche du procès des prisonniers de Lyon et de leurs complices de Paris, remue en ce moment toutes les passions qui fermentent dans la nation. Chaque principe, quelque prudemment qu'il s'exprime d'ordinaire; chaque sentiment, quelque soigneusement qu'il a coutume de se cacher, flotte aujourd'hui sur la surface, et l'observateur le plus superficiel peut reconnaître sans peine la véritable disposition du peuple.

La véritable disposition du peuple! ai-je dit?... Non, il faut que je change cette phrase, si je désire vous donner une idée de ce qui se verra probablement ici ; car, de la manière dont je me suis exprimée, vous pourriez croire que tout le peuple a la même disposition, et rien ne saurait être plus loin de la vérité.

La disposition du peuple de Paris au sujet de ce *procès-monstre,* nom qui lui a été donné par tous ceux qui ne tiennent point au gouvernement, varie selon l'opinion politique des divers partis, depuis la rage et le désespoir jusqu'à la joie la plus vive, depuis l'indifférence jusqu'à l'enthousiasme, depuis le triomphe jusqu'à l'abattement.

Il me sera impossible, ma chère amie, de parcourir Paris, dans tous les sens, pendant huit ou neuf semaines, mes tablettes à la main, sans revenir souvent sur un sujet que l'on retrouve dans tous les salons, qui se murmure dans les couloirs de tous les spectacles, qui brille dans les yeux du républicain, excite le sourire du doctrinaire, en un mot, se présente à vous sous une forme ou sous une autre, en quelque lieu que l'on se trouve.

Cela étant ainsi, il ne faut pas vous en prendre à moi, si, obligée de laisser paraître de temps en temps les cornes du monstre, vous finissez par le trouver ennuyeux. En attendant, après vous avoir annoncé ses visites assez fréquentes, je vous laisserai pour le moment dans la même incertitude à son égard que nous le sommes nous-mêmes; et, profitant du repos qu'il veut bien nous laisser encore, je m'occuperai du paisible tableau qui s'offre à mes regards.

Les premiers objets qui, en rentrant à Paris, m'ont frappée, si non comme neufs, du moins comme changés depuis mon dernier voyage, sont la colonne de la place Vendôme et l'église achevée de la Madeleine.

Ce n'est pas sans raison que je me suis servie du mot *achevée*. La Grèce vit-elle jamais monument plus gracieux, plus majestueux? Si elle en a possédé, ce ne pouvait être qu'aux jours de sa jeunesse, car, abstraction faite des souvenirs poétiques et du plaisir que causent les recherches scientifiques, il n'y a point de ruine qui puisse offrir à l'œil une symétrie aussi parfaite, aussi aimable, ou satisfaire l'ame comme ce temple moderne.

Pourquoi notre galerie nationale ne s'est-elle pas élevée aussi noble, aussi simple, aussi belle que cet édifice?

Quant à l'autre nouveauté, je veux dire la statue de l'ex-empereur de France, je ne sais si je ne l'ai pas contemplée avec plus d'approbation qu'il ne convenait à une Anglaise. Mais quoique le souvenir de Napoléon doive naturellement exciter dans mon ame des sentimens hostiles, toutes les fois que je me trouve à Paris, je songe involontairement beaucoup plus à ses belles qu'à ses terribles actions. Peut-être aussi, en fixant les yeux sur ce monument de ses conquêtes, un Anglais éprouve-t-il un mouvement d'orgueil en songeant que son drapeau victorieux n'a jamais flotté sous une brise anglaise.

Quoi qu'il en soit, mettant de côté des sentimens personnels de tout genre, il est certain que la ville de Paris lui doit une si grande partie de ce qu'elle présente d'admirable, que l'on oublie, malgré que l'on en dit, son ambition et ses monstrueuses usurpations; l'usage qu'il a fait d'un pouvoir mal acquis efface en quelque sorte la tyrannie sans frein de ce pouvoir lui-même. En plaçant sa statue sur le haut de la colonne, formée du bronze des canons pris par les armées françaises commandées par lui, on me paraît avoir agi avec autant de convenance que de bon goût.

Quand son image fut renversée, il y a vingt ans, par les mains vengeresses des alliés, ils firent un acte dicté à la fois par la justice morale et par les sentimens de la nature. D'un autre côté, il n'y a pas lieu d'être surpris si les légitimes souverains dont il avait renversé le trône ne l'ont point replacé. Mais en le voyant aujourd'hui contempler du haut de sa colonne les capricieuses destinées du peuple français, on trouve dans sa présence une sorte de convenance historique qui plaît à l'imagination.

Cette statue de Napoléon offre, je crois, le seul exemple de la plus grotesque de toutes les coiffures européennes, un chapeau à trois cornes, immortalisé avec succès, soit en marbre, soit en bronze. La statue originale, avec ses longs plis de draperies modernes, avait été érigée par un sentiment de vanité; mais celle-ci a cet air simple et familier qui doit satisfaire l'attachement. Au lieu de se détourner avec dégoût, comme il n'arrive que trop souvent à la vue de certaines copies trop fidèles du costume moderne, on trouve dans ce *chapeau à trois cornes* et dans cette *redingote* négligée, un air de vérité pittoresque qui plaît à l'œil, même quand elle ne touche pas le cœur.

Quant aux Français, cette statue est pour eux presque l'objet d'un culte. Des couronnes de fleurs toujours fraîches, sans cesse suspendues autour du piédestal, à de petites draperies de crêpe noir constamment renouvelées, prouvent clairement que sa mémoire est toujours conservée avec orgueil par le peuple.

Pendant que Napoléon était encore au milieu des Français, l'éclat de son auréole militaire, toute brillante qu'elle était, ne put éblouir la nation au point de l'aveugler sur les taches qui obscurcissaient cet éclat; mais maintenant qu'il ne lui apparaît plus qu'à travers les brouillards de la tombe, elle le contemple avec un enthousiasme d'affection et de dévouement qui ne permet au souvenir d'aucune erreur de venir se mêler à ses regrets.

Je crois qu'il serait difficile de trouver un Français, à quelque parti qu'il appartînt, qui parlât de Napoléon d'une façon peu respectueuse.

Je passais un jour devant ce superbe monument avec un *légitimiste sans reproche.* Levant les yeux vers la statue, il me dit : « *Notre position, madame Trollope, est bien dure : nous avons perdu le droit d'être fidèles, sans avoir recouvré celui d'être fiers.* »

LETTRE III.

Le jargon à la mode. — Les jeunes gens de Paris. — La Jeune France. — Le Rococo. — Le Décousu.

J'imagine que, chez toutes les nations et dans tous les temps, une certaine partie de ce que l'on appelle le jargon populaire s'introduit dans la conversation familière des personnes comme il faut, et fait même parfois entendre ses accens, non autorisés, dans la tribune ou sur le théâtre. J'avoue que la France me paraît prendre en ce moment d'étranges libertés avec sa langue. Mais pour bien traiter ce sujet, il faudrait être Français soi-même et savant par-dessus le marché. Quant à moi, je ne puis en parler que d'une manière vague et dubitative, et le traiter comme un des points sur lesquels l'esprit d'innovation m'a semblé être le plus actif.

Je sais que l'on peut répondre que chaque

mot que l'on ajoute à une langue, soit qu'on le crée ou qu'on l'emprunte, ajoute à ses richesses, et cela est en effet incontestable; mais il n'en est pas moins vrai que le langage de la France, tel qu'il se montre dans les écrits de son beau siècle, a une grâce polie, une élégance parfaite, qui peuvent bien suppléer au défaut de richesse qu'on lui a parfois reproché. Lui donner de la rudesse pour augmenter sa force serait comme si l'on changeait un noble et élégant coursier contre un cheval de brasseur, sous le prétexte qu'on gagne en vigueur ce que l'on perd en grâce. C'est possible. Mais je crois que, même dans le siècle si positif dans lequel nous vivons, il y a encore bien des gens qui ne consentiraient pas à cet échange.

Mais, comme je viens de le dire, c'est là un sujet sur lequel je ne me sens pas le droit de m'étendre. Nul ne devrait se permettre d'examiner, ou du moins de discuter, les délicatesses d'une langue qui n'est pas la sienne. Mais sans entrer dans cet examen présomptueux, il y a des mots et des phrases qui tombent de droit dans la sphère d'observation des étrangers, et qui m'ont frappée comme particulièrement remarquable aujourd'hui, soit par la fréquence avec laquelle ils reviennent dans la conversation, soit par l'accent inusité qu'on lui donne en s'en servant.

Les jeunes gens de Paris me paraît être une de ces phrases. Traduisez-la en anglais, et vous n'y trouverez aucun sens plus remarquable que si vous disiez les jeunes gens de Londres ou de toute autre capitale; mais entendez-la sortir d'une bouche parisienne... Miséricorde! On dirait le roulement du tonnerre. Elle n'a pourtant rien de bruyant ou de fanfaron, elle renferme plutôt un sens terrible et mystérieux. Elle paraît offrir le type solennel de toute la puissance, de toute l'autorité, de toute la science et même de toute la sagesse réunies de la nation.

La jeune France est encore une de ces tournures cabalistiques, qui a la prétention d'exprimer une idée grande, terrible, volcanique, sublime. J'avoue du reste que l'une et l'autre de ces phrases, prononcées, comme elles le sont toujours, avec cette espèce d'emphase mystérieuse qui semble dire qu'un sens profond est caché sous les paroles, exercent sur moi un effet stupéfiant. Je suis bien convaincue que je suis loin de comprendre tout le sens qu'elles renferment, et pourtant je n'ose chercher à m'instruire, de peur que l'explication qui me sera donnée ne soit ou plus inintelligible ou plus alarmante que les mots eux-mêmes. Je me flatte cependant que je deviendrai avec le temps ou plus pénétrante ou moins timide. Quand cela m'arrivera et quand le sens de ces expression me sera complètement dévoilé, je ne manquerai pas de vous le transmettre avec fidélité.

Indépendamment de ces phrases et de quelques autres que je pourrai citer par la suite, comme étant difficiles à comprendre, j'ai appris un mot qui m'est tout-à-fait inconnu et que je soupçonne avoir été très récemment introduit dans la langue française. Je ne l'ai du moins trouvé dans aucun dictionnaire et je présume, d'après cela, qu'il faut le ranger au nombre de ces heureuses inventions qui viennent de temps à autre enrichir et donner de la force au langage. Je ne sais ce que l'Académie en aurait pensé autrefois, mais il me semble que ce mot est fort expressif et qu'il pourrait même être introduit avec succès dans notre propre langue. En tout cas il pourra souvent, je pense, venir à mon secours comme un utile adjectif. Ce mot nouveau est celui de *rococo*, et me semble être appliqué, par la jeunesse innovatrice, à tout ce qui porte l'empreinte du goût, des principes ou des sentimens des temps passés. La partie de la population française à laquelle on applique ainsi l'épithète de *rococo*, renferme toutes les nombreuses variétés des personnes qui ne sont plus à la mode, depuis les partisans des habits galonnés et des nœuds d'épée en diamans, jusqu'au vénérable et généreux royaliste, qui est d'autant plus attaché à son roi légitime que ce roi n'a plus de quoi récompenser son dévouement. C'est le sens du mot rococo dans la bouche d'un doctrinaire; mais quand c'est un républicain qui le prononce, il range dans la même catégorie toute espèce d'ordre et d'obéissance, même aux puissances du jour, en un mot tout ce qui a le moindre rapport à la loi ou à l'Evangile.

Il y a encore un autre adjectif qui m'a paru aussi revenir assez souvent dans la conversation pour mériter d'être regardé comme un mot à la mode. Ce mot est du reste depuis longtemps connu ; il est remarquablement expressif, et aujourd'hui surtout il est d'une utilité plus qu'ordinaire : c'est celui de *décousu* ; cette épithète se donne par les esprits sages à tout ce qui se ressent de l'égarement et de la folie de la nouvelle école de littérature, ainsi qu'à ces lambeaux d'opinions que paraissent avoir ramassés, çà et là, les jeunes gens qui mêlent à Paris une prétendue philosophie à leurs discours.

S'il fallait classer toute la population sous deux grandes divisions, je ne crois pas qu'il fût possible de les désigner d'une manière plus expressive que par les deux mots que je viens de citer. J'ai déjà fait connaître de quoi se composerait la classe des *rococos*. Celle des *décousus* embrasserait toute l'école romantique, soit poètes, romanciers ou écrivains dramatiques, ainsi que toutes les différentes nuances de républicains, depuis les admirateurs avoués du courageux Robespierre jusqu'aux disciples moins fougueux de La Mennais ; la plupart des écoliers et toute la populace de Paris.

LETTRE IV.

Le Théâtre-Français. — Mademoiselle Mars. — Elmire. — *Charlotte Brown.* — Extrait d'un sermon.

Je craignais, à la vérité, de passer pour rococo, quand je me suis permis, peu de temps après mon arrivée, d'exprimer le désir ardent de détourner pour un moment les yeux de tout ce que je voyais de neuf, afin d'assister encore à une représentation du *Tartufe* avec mademoiselle Mars dans le rôle d'Elmire.

Je n'étais pas non plus sans crainte que le changement, que sept années devaient naturellement avoir produit en elle, n'effaçât en partie les délicieux souvenirs qu'elle avait laissés dans mon esprit. Je reculais devant la pensée de faire voir à mes enfans une réalité qui détruirait peut-être le beau idéal que je leur avais tracé de la seule actrice parfaite qu'il y ait encore sur le théâtre.

Mais on avait annoncé le *Tartufe*; peut-être ne serait-il plus joué de long-temps. Nous dînâmes donc de bonne heure et à la hâte, et bientôt je me retrouvai devant cette même toile que j'avais vue si souvent se lever pour me présenter Talma, Duchesnois et Mars.

Je reconnus avec un vrai plaisir, en entrant dans la salle, que les Parisiens, si inconstans sous tout autre rapport, sont fidèles dans leur admiration pour mademoiselle Mars. A cette représentation, peut-être la cinq centième fois qu'elle jouait le rôle d'Elmire, les barrières étaient toujours aussi nécessaires et la *queue* aussi longue, que lorsque quinze ans auparavant, on m'avait fait, pour la première fois, remarquer la merveilleuse puissance d'attraction que possédait encore une actrice qui depuis long-temps déjà avait passé la première fleur de sa jeunesse et de sa beauté. S'il était aussi facile aux Parisiens de justifier leur amour habituel du changement que la singulière preuve de fidélité qu'ils donnent dans cette occasion, il faudrait les en féliciter : il faut convenir pourtant qu'en elle il y a un étrange sortilége.

Que l'oreille soit flattée et le cœur ému par les accens remplis d'art de l'organe le plus suave dont jamais mortelle ait été douée, c'est ce qui se comprend fort bien ; mais que l'œil puisse s'attacher avec un charme toujours nouveau, à chaque regard, à chaque mouvement d'une femme, je ne dis pas vieille, car cela arrive quelquefois à Paris, mais qui, d'un bout de l'Europe à l'autre, est connue pour être vieille, c'est là certainement un singulier phénomène. Et cependant ce phénomène existe; et si vous pouviez la voir, vous comprendriez fort bien le pourquoi, mais non pas le comment. Il y a réellement encore un charme, une grâce, dans chacun des moindres mouvemens de mademoiselle Mars, qui captive les yeux et ne leur permet d'errer vers aucun autre objet, fût-il incomparablement plus jeune et plus aimable.

Comment se fait-il qu'aucune de toutes ces jeunes têtes ne peut apprendre à se tourner comme la sienne? qu'aucun de ces bras ne peut s'accouder avec cette noble aisance? Ses doigts mêmes, et gantés encore, semblent ajouter à l'expression de son jeu; et l'actrice la plus tranquille, celle qui étudie le moins ses poses, trouve moyen d'augmenter l'effet de son rôle par les mouvemens les plus ordinaires et les plus insignifians.

Je consentirais volontiers à mourir pour quelques heures, si, par ce moyen, je pouvais rappeler Molière au monde et lui faire voir mademoiselle Mars jouer dans un de ses chefs-d'œuvre. Que sa joie serait grande en voyant ainsi la créature de son imagination présente devant ses yeux, en observant aussi le tressaillement qui se communique aux groupes serrés du parterre quand les étincelles de son esprit, transmises par cette charmante conductrice, électrisent toute la salle. Pensez-vous que le sourire approbateur de Louis XIV lui-même pût valoir cela?

La comédie du *Tartufe* fut suivie d'une petite pièce, intitulée *Charlotte Brown*, sortie de la plume de madame de Bawr, qui a, je crois, l'honneur d'être la seule femme qui écrive en ce moment pour le théâtre en France.

J'ai pour coutume invariable de quitter la salle aussitôt qu'une pièce de Molière est terminée, de même qu'autrefois en Angleterre on évitait de voir les pièces qui se donnaient après celles où avait paru mistress Siddons ou Kemble; j'aime à me retirer pleine de satisfaction, et sans aucun mélange de personnages dans mes souvenirs qui puisse détruire l'illusion que j'ai entretenue avec tant de plaisir. Mais c'était mademoiselle Mars qui devait jouer le rôle de Charlotte, et il devenait d'après cela indispensable de rester au spectacle. D'ailleurs madame de Bawr est l'auteur de la charmante petite comédie de *la Suite d'un Bal masqué*, et j'avais vu l'enchanteresse jouer cet ouvrage avec tant de grâce et de vivacité, que la pièce se voyait avec plaisir, même après le *Misanthrope*.

La fable de *Charlotte Brown* n'est pas, selon moi, de nature à exciter une grande sympathie en faveur de l'héroïne, car bien que les scènes dans lesquelles elle paraît soient touchantes, il y a dans son caractère des traits trop ignobles pour rendre l'intérêt qu'inspirent ses peines très profond ou très agréable. En attendant, je crois qu'à cet égard, c'est Kotzebue qui est le vrai coupable, le sujet de la pièce étant pris dans sa *Baronne de Trounn*.

Mais que ne peut le talent de cette actrice extraordinaire? Tous les sentimens que l'auteur d'un drame cherche à reproduire acquièrent sous son pinceau une si grande puissance; ils se montrent en un si beau relief, que tous leurs défauts sont rejetés dans l'ombre et oubliés. Quand *Charlotte Brown* n'aurait pas d'autre attrait, elle mériterait d'être vue, ne fût-ce que pour un seul regard tragique lancé par cette admirable actrice au moment où sa supercherie est découverte. Je n'exagère point en disant que jamais mistress Siddons n'a eu un plus beau moment.

Depuis long-temps je n'avais vu de salle aussi remplie.

Je me rappelle avoir entendu, il y a plusieurs années, un excellent sermon prêché par un vénérable curé, dont le vicaire était plus remarquable par la manière consciencieuse dont il remplissait ses fonctions que par la bonté de ses sermons. « Le devoir d'un ministre, dit le vieillard, est d'adresser au troupeau qui s'est assemblé pour l'écouter les discours les plus persuasifs, les plus éloquens que ses moyens lui permettent ; et il vaudrait infiniment mieux que les sages exhortations de ceux qui en sont pleins fussent lues du haut de la chaire de vérité, que d'entendre les faibles efforts d'un prédicateur ignorant frapper lourdement et inutilement l'oreille de ses auditeurs. Ce ne sera qu'une bien faible consolation pour eux de savoir que son discours est manuscrit au lieu d'être imprimé. »

Ne pensez-vous pas que le même argument pût s'adresser avantageusement aux directeurs de spectacles, non-seulement en France, mais dans le monde entier ? S'il en coûte trop pour avoir une nouvelle pièce qui soit bonne, ne vaudrait-il pas mieux jouer les bonnes pièces anciennes ?

LETTRE V.

Le Salon. — Il y a de la maladresse à mettre les tableaux modernes au-dessus des anciens. — Martin. — Steuben. — Delaroche. — Les Portraits. — Les Spectateurs. — Quel genre de liberté la révolution a donnée au peuple français.

———

Je me suis si peu occupée des dates et des saisons, que j'avais tout-à-fait oublié, ou plutôt que j'avais négligé d'apprendre que l'époque de notre arrivée à Paris était celle de l'exposition des ouvrages des artistes vivans au Louvre; et il me serait facile de décrire la sensation que j'éprouvai, lorsque, en entrant dans la galerie, au lieu d'y voir les tableaux que j'avais coutume d'y trouver, mes regards tombèrent sur des objets si différens.

L'exposition est cependant fort belle, et si fort supérieure à tout ce que j'avais encore vu de l'école française moderne, que nous eûmes bientôt la consolation de nous sentir charmés, pourrais-je dire, nonobstant notre premier désappointement.

Mais, certes, il est difficile de rien imaginer de plus maladroit que de couvrir les tableaux du Poussin, de Rubens, de Raphaël, du Titien et de Corrége, pour mettre par-dessus les nouvelles productions des modernes palettes. Il faut convenir, que pour fixer l'attention, un peu plus de coquetterie serait excusable.

Il y a surtout certains tableaux de la galerie du Louvre que mes enfans connaissent bien, soit par les estampes, soit par la description, et dont l'éclipse produisait un fort triste effet. De ce nombre est le *Déluge* du Poussin. C'est peut-être la description frappante que mon frère a faite de ce tableau qui lui donnait pour nous un intérêt tout particulier. Vous vous rappelez peut-être ce que M. Millen dit à ce sujet dans le curieux et élégant petit ouvrage sur les beaux-arts, qu'il composa à Paris, peu de temps avant la disposition du Musée Napoléon. « Le coloris, dit-il, est incontestablement la moindre des qualités du Poussin, et pourtant il y a dans cette galerie un de ses tableaux, le *Déluge*, dans lequel l'effet produit par le coloris seul est frappant et singulier. L'air est lourd et chargé d'eau; la terre, partout où elle n'est pas encore inondée, semble toute déchirée par sa violence; la lumière même du ciel est absorbée et perdue. » J'ai cité ce passage parce que je ne me rappelle pas avoir jamais lu de description de tableau à la fois aussi courte et parlant avec autant de vivacité à l'imagination du lecteur.

Dans un lieu où l'on vient chercher un pareil ouvrage, celui de notre illustre compatriote, sur le même sujet, peut-il être avantageusement placé? C'est, selon moi, lui rendre un honneur très peu satisfaisant, et si j'étais M. Martin, ou tout autre peintre vivant, je ne consentirais pas à m'exposer à la comparaison dangereuse, à laquelle doit nécessairement donner lieu un arrangement si peu judicieux.

Qu'il doit être désagréable, par exemple, pour un artiste si, comme je crois qu'il leur arrive souvent d'errer sous le voile de l'incognito autour de leurs ouvrages de prédilection, si, dis-je, il entendait des réflexions comme celles-ci, qui me frappèrent hier dans la partie de la galerie occupée par la suite des tableaux de saint Bruno, par Lesueur. « J'avoue que les rubans qui ornent la robe de cette dame sont d'un bleu fort délicat, mais les draperies de Lesueur que, pour mes péchés, je sais être placées immédiatement dessous, ne sont pas d'une nuance moins agréable; et quand j'y songe, quel contraste entre cette carnation froide, lisse, vernie, ces membres inanimés, en un mot toute la nullité de cette œuvre que le livret appelle le *portrait d'une dame*, et le chef-d'œuvre que ce portrait cache? »

Le critique disait vrai; cependant j'ai vu avec plaisir, qu'à tout prendre, les portraits dominent beaucoup moins dans cette exposition qu'ils ne le font d'ordinaire chez nous; et dans le nombre, il y en a qui pour la grandeur, la composition et l'excellent style, ne seraient jamais de *trop* dans aucune collection. Je désirerais bien que ce style fût adopté en Angleterre pour les portraits.

Lawrence n'est plus; Gérard est en France, et malgré cela il ne reste que trop de peintres qui font des portraits admirables de vérité, quant à la nature, à l'art, à l'expression, et même au manque d'expression. Je suis portée à croire que les sommes énormes que l'on dépense annuellement à leur faire faire des portraits, contribuent plutôt à ravaler l'art qu'à l'élever dans l'estime et le goût général du public. C'est du patronage, il est vrai; mais c'est un patronage qui corrompt l'artiste et le porte, par l'appât de l'or, à étouffer son génie.

Est-il en effet possible de nier que rien ne saurait être plus ennuyeux que de parcourir un magnifique salon d'exposition, tout rempli de beaux messieurs et de belles dames peints sur toile, de grandeur naturelle?

Nous éprouvons peut-être quelque satisfaction à reconnaître au premier coup-d'œil les yeux, le nez, la bouche et le menton de plusieurs de nos amis et connaissances; nous sommes souvent, il est vrai, obligés de convenir que ces traits, qui nous sont familiers, sont représentés avec autant de talent que de vérité; mais cela n'empêche pas que l'exposition ne soit ennuyeuse. Et puis après, quand chaque portrait ou couple de portraits, retirés du milieu de la brillante cohue, seront suspendus à jamais sous les yeux de leur famille et de leurs amis, la belle dame souriant avec amabilité dans un coin de l'appartement, et le monsieur bien mis, étalant son air distingué dans un autre, contribueront aussi peu au plaisir et à l'amusement de ceux qui les contempleront chez eux, qu'ils ne le faisaient sur les murs de l'Académie.

L'exposition de cette année contient un grand nombre de portraits en pied, qui n'ont que douze ou dix-huit pouces de haut, et dix ou douze pouces de large. La composition et le style de ces délicieux petits portraits sont si parfaits qu'on s'arrête long-temps devant eux, même quand on ne connaît pas l'original; la petitesse de leur dimension fait qu'ils ne peuvent jamais dominer d'une manière désagréable dans la décoration d'un appartement; tandis que la délicatesse de leur fini et la richesse de leur composition payent bien, non-seulement l'attention, mais encore l'examen le plus rigoureux qu'on leur accorde, lorsque la politesse, l'affection ou même le goût de l'art engage à y jeter un coup-d'œil.

Le livret de l'exposition indique tous les tableaux qui ont été commandés ou achetés par le roi et par les divers membres de la famille royale; ce nombre est si considérable qu'il prouve clairement qu'une protection large et libérale des beaux-arts fait ici partie du système gouvernemental.

La médaille d'or a été, par courtoisie, accordée à M. Martin pour son tableau du Déluge. Si mon avis eût été pris, je l'aurais donnée à la Bataille de Waterloo de Steuben. Il est bien certain que l'imagination est une des premières qualités requises dans un peintre, et que M. Martin la possède au plus haut degré. Mais l'imagination seule ne suffit pas, et le bon sens est pour le moins aussi nécessaire pour former un grand artiste. Le peintre de la Bataille de Waterloo possède l'un et l'autre. Son imagination l'a mis en état de pénétrer jusque dans le cœur et l'ame des personnages qu'il peignait. La passion parle dans chaque trait de son pinceau, et le bon sens lui a appris que quelque puissante, quelque véhémente même que puisse être l'impression qu'il voulait produire, il fallait l'obtenir plutôt par une imitation patiente et fidèle de la nature qu'en cherchant fièrement à se mettre au-dessus de ses lois.

L'Assassinat du duc de Guise, par M. Delaroche, est un tableau admirable et qui obtient beaucoup de succès. Il faut de la persévérance pour parvenir à percer la foule qui environne ce superbe ouvrage; mais le temps et la peine qu'on y a consacrés, sont bien récompensés quand on est arrivé. Un ou deux jolis tableaux de Franquelin m'ont fait envier le sort de ceux qui sont en état d'acheter, et m'ont fait soupirer en songeant que, selon toute apparence, ils passeront dans des collections particulières où je ne les reverrai de ma vie. A dire vrai, il y a tant de beaux ouvrages que je croirais assez que les juges, en donnant la palme à l'étranger, ont eu principalement en vue de se délivrer de l'embarras du choix.

Si je ne craignais de vous fatiguer, je m'arrêterais bien plus long-temps aux agréables souvenirs que me rappelle cette vaste exposition, qui contient, par parenthèse, 2174 tableaux, et je pourrais vous citer plusieurs ouvrages admirables. Je répète toutefois qu'en couvrant ainsi les inappréciables productions de toutes les écoles et de tous les siècles par celles des artistes vivans de la France, durant l'année qui vient de s'écouler, on n'a pas pris le moyen le plus judicieux pour montrer ceux-ci sous un jour favorable aux étrangers qui, de toutes les parties du monde civilisé, accourent pour visiter le Louvre.

Cette exposition occupe à peu près les deux tiers de la galerie; à l'endroit où elle se termine, un triste rideau suspendu en travers cache les précieux travaux des écoles d'Espagne et d'Italie, qui sont placés à l'extrémité opposée. Peut-on imaginer un supplice de Tantale plus cruel que celui-là? Quel artiste vivant pourrait se soutenir contre l'humeur que l'on doit éprouver?

Pour rendre l'effet plus frappant encore, les plis de ce rideau laissent en retombant quelques pouces de distance entre le mur et lui, de sorte que les douces teintes brunes d'un célèbre Murillo frappent l'œil sans le satisfaire.

Certes, tous les professeurs réunis de toutes les académies existantes ne pouvaient inventer une manière plus ingénieuse de faire connaître aux modernes artistes de la France quel est leur principal défaut. Espérons qu'ils en profiteront.

Puisque c'est à Paris que je suis, il est sans doute inutile d'ajouter que l'entrée de l'exposition est gratuite.

Je ne puis quitter ce sujet sans dire quelques mots au sujet de la société qui j'y ai trouvée, ou du moins d'une partie de cette société, dont l'apparence m'a semblé offrir des preuves non équivoques du progrès des lumières et du mauvais goût.

Dans tous les endroits où la foule était la plus épaisse se voyait et se sentait un nombre considérable de citoyens et de citoyennes fort sales. Mais je n'ignore pas le proverbe qui dit que la noix la plus douce a le brou le plus amer; et ici ce serait un acte de haute trahison de poser en doute que la blouse grasse et le jupon usé couvrent des esprits aussi fins et aussi délicats que la soie, la dentelle et le drap le plus fin.

C'est, je pense, un fait incontestable que les immortels de Paris, en élevant leurs barricades, ont plus ou moins abattu celles qui existaient dans la société. Mais c'est un mal que n'ont pas besoin de déplorer ceux qui ne bornent pas au moment actuel toutes leurs peines et tous leurs plaisirs. La nature elle-même, telle du moins qu'elle se montre quand l'homme abandonne les forêts et consent à se réunir à ses semblables dans des villes, cette nature, dis-je, prend soin de tout remettre en ordre. Les forts seront toujours les maîtres des faibles ; et s'il arrivait jamais qu'un matin tous les hommes se réveillassent égaux, la nuit ne serait pas arrivée que déjà quelques uns d'entre eux auraient fait comprendre aux autres qu'ils étaient destinés à préparer la couche de leurs supérieurs. Telle est la loi de la nature, et la force brutale du grand nombre n'est pas plus capable de l'enfreindre que le bœuf ne le serait de nous faire traîner la charrue, ou l'éléphant de nous arracher les dents pour en faire des jouets à ses petits.

Pour le moment toutefois, un peu de la lie

que les ordonnances ont soulevée flotte encore sur la surface du vase, et il est difficile de voir sans sourire quel est le genre de liberté que les immortels se sont procuré au prix de tant de sang. Nous pouvons bien dire que la population de Paris est très philosophe sous ce rapport et qu'elle se contente de peu. Un des droits les plus remarquables que les Parisiens aient acquis par la révolution, est celui de se présenter à leurs nouveaux grands seigneurs en chemise sale.

Vous vous rappelez certainement que jadis, c'est-à-dire avant la révolution de juillet, la manière dont le peuple se montrait dans les promenades publiques, formait une des parties les plus agréables de l'aspect qu'elles présentaient. La coquetterie soignée des jolis costumes féminins ; ici une cauchoise, là un bonnet de dentelle ; des hommes proprement mis leur donnant le bras, tandis que de petites filles, bien serrées dans leur longue taille, avec des tabliers de soie, des bonnets blancs comme la neige et une chaussure sans défaut, trottaient à côté de leurs parens. Maintenant ce n'est plus cela. Ces habits si frais sont encore crottés par le travail des trois journées ; et jusqu'à ce qu'ils soient bien nettoyés, il faudra supporter la vue de jaquettes sales, de casquettes malséantes, de blouses déchirées, de vilains mouchoirs noués sur la tête, et c'est dans l'obligation de les tolérer partout que consiste aujourd'hui la principale marque extérieure de l'augmentation de liberté conquise par le peuple de Paris.

LETTRE VI.

Charme de Paris. — Air de gaieté. — Aisance qui règne dans la société. — Charme des réunions sans cérémonie.

―――

Quelque plaisir que je prenne à voir tout ce qu'il y a de remarquable à Paris, tant les choses grandes et durables que celles qui changent et sont toujours nouvelles, vous me croirez facilement si je vous dis que j'attache plus d'importance encore à profiter de toutes les occasions que je trouve d'écouter les conversations dans l'intérieur des maisons, qu'à admirer les merveilles qui se présentent au dehors.

C'est donc avec joie que j'ai accepté les invitations qui m'ont été faites de la manière la plus amicale par différentes personnes, et j'ai déjà la satisfaction de me voir agréablement et intimement liée avec beaucoup de familles des plus aimables, dont quelques-unes sont fort distinguées, et qui, heureusement pour moi, sont aussi éloignées les uns des autres dans leurs opinions sur toutes choses que le ciel l'est de la terre.

Permettez-moi ici de m'arrêter un instant et de vous assurer, ainsi qu'au reste de mes compatriotes des deux sexes, qu'un voyage à Paris, avec quelque courage qu'on l'entreprenne, et quelque énormes dépenses que l'on soit décidé à faire, n'aboutira en définitive à rien, si l'on ne trouve moyen de pénétrer d'une façon ou d'une autre dans la bonne société française.

J'avoue qu'il n'y a rien qui répande dans l'esprit une joie plus délicieuse que la seule nouveauté et la gaîté des objets extérieurs qui environnent un étranger la première fois qu'il entre à Paris.

Cet air de gaîté, impossible à décrire, qui fait que chaque belle journée ressemble à un jour de fête; la légère hilarité d'esprit qui règne dans toutes les classes; les accens enjoués, les regards étincelans d'innombrables beaux yeux; les jardins, les fleurs, les statues: tout se réunit pour produire un effet qui ressemble beaucoup à de l'enchantement.

Mais l'habitude diminue l'étonnement, et une fois que la première sensation délicieuse est passée, nous commençons à nous fatiguer de son intensité même; nous retombons alors dans la nationalité, la tristesse et la mauvaise humeur.

A compter de ce moment, le touriste anglais ne parle plus que de fleuves majestueux, de ponts magnifiques, de prodigieux *trottoirs*, d'égouts sans pareils et de vrai vin de Porto. C'est alors que le voyageur, afin de prolonger ses plaisirs et de les compléter, devrait cesser d'examiner l'extérieur des beaux hôtels et s'efforcer d'être admis à partager le charme plus durable qui règne dans leur intérieur.

On a déjà tant dit et écrit sur la grâce enchanteresse de la langue française dans la conversation, qu'il est tout-à-fait inutile de revenir encore là-dessus. Que dans aucune autre langue un mot spirituel ne puisse être dit avec autant de grâce, est un fait qui ne saurait être désormais ni contredit ni mieux prouvé qu'il ne l'est déjà. Heureusement l'art d'exprimer une pensée heureuse dans les meilleurs termes possible n'est point enseveli dans la tombe de madame de Sévigné.

Et ce n'est pas seulement pour passer agréablement le temps que je recommanderais aux Anglais de cultiver soigneusement la bonne société française. De grandes et importantes améliorations se sont déjà faites dans nos usages nationaux, grâce aux relations qu'une longue paix a facilitées. Nos repas ne sont plus déshonorés par l'ivresse, et les hommes et les femmes, lorsqu'ils se réunissent dans le but de jouir de leur société mutuelle, ne sont plus, par la loi du pays, séparés pendant la moitié du temps qu'ils voulaient consacrer à rester ensemble.

Mais nous avons encore beaucoup à apprendre, et le ton général de nos relations journalières pourrait recevoir d'autres perfectionnemens encore, si nous voulions prendre pour modèles les meilleurs exemples de coutumes et d'usages parisiens.

Ce n'est pas dans les grandes et brillantes

réunions, qui se renouvellent trois ou quatre fois par mois dans toute maison distinguée, que nous trouverions beaucoup à apprendre. Une fête chez lady A..., dans *Grosvernor Square*, ne ressemble pas plus à une fête chez lady B..., dans *Berkeley Square*, que l'une et l'autre n'ont de rapport avec une fête dans une grande maison de Paris. Dans les deux capitales, on trouve également en abondance, à ces assemblées, de jolies femmes, de beaux hommes, des satins, des gazes, des velours, des diamans, des chaînes, des broches, des moustaches, des impériales, et fort peu de véritable amusement.

Je soupçonne même que dans ces réunions nombreuses l'avantage est un peu de notre côté : car nous changeons d'air plus fréquemment en passant d'une pièce dans une autre toutes les fois que nous voulons prendre une glace ; et comme la foule bigarrée jouit par détachemens de ce relâche momentané dans la suffocation, on y trouve l'occasion, non-seulement de respirer, mais encore de pouvoir causer pendant quelques minutes sans courir le risque d'être poussé loin du terrain où l'on s'était posté.

Ce n'est donc pas dans ces *raouts*, où l'on rassemble indistinctement toutes ses connaissances, que j'étudierais la physionomie nationale ou particulière des salons de Paris; mais dans les relations constantes et habituelles d'une amitié familière. C'est là un bonheur dont on jouit avec une gracieuse aisance, une absence de toute pompe, orgueil ou cérémonie, dont malheureusement nous n'avons aucune idée. Hélas! il faut que, par un avis imprimé, nous apprenions, un mois d'avance, le jour que notre amie sera chez elle (*at home*), que des domestiques en livrée rempliront le vestibule, que sa demeure brillera de l'éclat des bougies, avant d'oser nous risquer à passer une soirée dans son salon. Il me semble voir les regards de surprise d'une dame de Londres, si, entre huit et onze heures du soir, elle voyait une demi-douzaine de ses meilleures amies se présenter chez elle, en chapeaux et en châles, sans avoir été invitées. Que l'on trouverait étrange et nouveau si les engagemens les plus recherchés de la semaine étaient formés sans cérémonie et même sans ostentation; en un mot s'ils prenaient leur origine dans une réunion fortuite!

C'est cette aisance, c'est cette absence habituelle de toute cérémonie et de toute ostentation, cette antipathie nationale pour toute espèce de contrainte et d'ennui, qui rendent le ton des manières françaises infiniment plus agréable que le nôtre. Et il n'y a que ceux qui ont été assez heureux pour se procurer le rameau d'or qui ouvre les portes des maisons de Paris, qui puissent se figurer jusqu'à quel point cela est vrai.

Malgré l'excès de vanité dont on accuse communément les Français, il est certain qu'ils en montrent beaucoup moins que nous dans leurs relations avec leurs semblables. J'ai vu une comtesse, d'une des plus anciennes maisons du royaume, ouvrir elle-même la porte extérieure de son appartemement et y recevoir les personnes qui venaient la visiter, avec autant de grâce et d'élégance que si une triple rangée de grands laquais, portant sa livrée, eussent transmis leurs noms depuis l'antichambre jusqu'au salon. Et pourtant dans cette occasion ce n'était pas la fortune qui manquait, elle avait à ses ordres cocher, laquais, femme de chambre, et tous les domestiques accessoires d'une grande maison. Mais le hasard voulait que l'un eût été envoyé d'un côté et l'autre de l'autre, et il n'entra pas un seul instant dans la pensée de cette dame que sa dignité pût être compromise à se faire voir sans eux. En un mot, la vanité des Français ne se montre pas dans les petites choses; et c'est précisément pour cette raison que leurs relations sociales sont dépouillées de cette susceptibilité inquiète, de cette étiquette si pleine d'ostentation et d'orgueil qui pèse de tout son poids sur la nôtre.

Je n'ignore pas qu'il y a parmi nous des personnes qui soutiendront qu'il peut y avoir du danger à louer ainsi le charme de la société française, et à offrir comme un modèle à suivre, les usages d'un peuple dont les mœurs passent pour être bien moins sévères que les nôtres. Si je pouvais croire qu'en approuvant ce qui me paraît agréable, je diminuasse d'un cheveu l'intervalle que l'on pense exister entre nous sous ce rapport, je changerais mon approbation en horreur, et mes éloges superficiels en une profonde réprobation ; mais je suis prête à répondre à ceux qui m'opposeraient une pareille crainte, que les sociétés dans lesquelles j'ai eu l'honneur d'être admise, n'ont rien offert à mes observations personnelles qui autorisât la plus légère attaque contre les mœurs de la société parisienne. Une délicatesse plus polie et plus scrupuleuse dans le ton et les manières ne pourrait ni se rencontrer ni se désirer en aucun lieu : je soupçonne fort que, parmi les tableaux de la dépravation française que nous ont tracés nos voyageurs, la plupart ont été pris dans des scènes et dans des cercles auxquels les recommandations que j'engage si vivement mes compatriotes à se procurer ne les conduiront jamais. On doit bien penser que ce n'est pas de pareilles sociétés que j'ai intention de parler.

Puisque je suis sur le chapitre des fausses impressions et des faux rapports, je vous raconterai une anecdote que j'ai apprise hier au soir. Le petit comité dans lequel elle me fut rapportée se composait au moins d'une douzaine de personnes parmi lesquelles j'étais la seule pour qui elle fût nouvelle.

« Il y a un peu plus de deux ans, dit mon autorité, qu'un Anglais vint nous voir, avec le projet avoué d'écrire sur la France, non pas superficiellement, comme tant d'autres font, et pour dire des vérités qui frappent les yeux les plus vulgaires, mais avec une profondeur de recherches qui devait lui faire connaître tous les objets les plus cachés. Il fit part de son intention à plusieurs de ses amis, qui tous prirent la peine de l'aider dans ses efforts pour découvrir des vérités inconnues. Peu de temps après son arrivée, il se lia intimement avec une dame plus connue par la variété que par la constance de ses amitiés avec les gens de lettres. Cette dame reçut les soins de l'étranger avec une bonté extrême, et pour lui prouver la haute estime dans laquelle elle le tenait, elle offrit de lui fournir toutes sortes d'anecdotes, grandes et petites, afin que de l'ensemble il pût former son opinion générale du peuple qu'il voulait décrire; elle l'assura en même temps que personne n'était plus au fait qu'elle de l'histoire secrète de Paris. Or, quand ce voyageur anglais a publié toutes les infames calomnies que cette dame lui avait débitées sur des personnes de l'honneur le plus pur et de la réputation la plus intacte, il a fait une œuvre qui doit le déshonorer tant que son charlatanisme vivra dans la mémoire. »

Je vous donne cette anecdote telle qu'elle m'a été racontée, et je me bornerai à assurer que, quand on veut obtenir des renseignemens importans sur les mœurs et les usages d'un pays, afin de fonder sur eux des argumens que l'on veut présenter comme une autorité à toutes les nations civilisées, il faut être bien scrupuleux sur les personnes à qui l'on s'adresse.

Cette conversation se termina d'une manière assez gaie par l'observation suivante de madame C... à son mari, qui foudroyait de toute son éloquence la conduite de notre compatriote : « Calmez-vous donc, mon ami; le tableau des dames anglaises, fait par M. le voyageur, n'a rien après tout qui doive nous faire mourir de jalousie. »

Je pense que ni vous ni aucune autre dame de l'Angleterre ne serez tentée de la contredire.

Adieu.

LETTRE VII.

Inquiétude causée par le Procès-Monstre. — Visite d'un Républicain. — Visite d'un Doctrinaire — Ce dernier me rassure par ses promesses de sûreté et de protection.

———

Nous avons réellement éprouvé une espèce de panique, occasionée par les bruits que l'on fait courir au sujet du terrible procès. Bien des personnes pensent qu'il pourra donner lieu à des scènes effrayantes dans Paris.

Les journaux de tous les partis sont si pleins de ce sujet, que l'on n'y trouve presque pas autre chose; et tous ceux qui sont opposés au gouvernement, quelle que soit du reste leur couleur, parlent de la manière dont ce procès doit être conduit comme de l'abus de pouvoir le plus tyrannique qui jamais ait eu lieu dans l'Europe moderne.

Les légitimistes disent que ce procès est

illégal, parce que les accusés ont le droit d'être jugés par un jury composé de *leurs* pairs, qui sont les citoyens de France, tandis que ce droit leur est refusé, et qu'ils seront jugés par la Chambre des pairs.

Je ne sais si une réponse satisfaisante sera faite à cette observation; mais je ne puis m'empêcher de croire qu'il y a quelque chose de fort plausible dans l'objection. Il n'est cependant pas bien difficile de voir que l'article 28 de la Charte peut être interprété dans le sens du gouvernement. « La Chambre des pairs « prend connaissance des crimes de haute tra- « hison et des attentats contre la sûreté de l'État « *qui seront définis par la loi.* »

Or, quoique cette *définition par la loi* me paraisse, d'après ce que l'on m'a dit, une opération qui n'est pas encore tout-à-fait achevée, il me semble que, dans quelques-uns des crimes pour lesquels ces accusés vont être jugés, il y a quelque chose de si ressemblant à de la haute trahison, que la première partie de l'article peut fort bien s'y appliquer.

Toutefois les journaux, pamphlets et ouvrages républicains, de toute espèce, traitent la détention et le procès des accusés comme la plus horrible infraction à leurs nouveaux droits que roi couronné, pairs créés et ministres en place, aient jamais osé se permettre. Tout ce que l'infortuné Louis XVI a fait; tout ce que l'exilé Charles X a menacé de faire, n'a jamais, selon eux, approché de l'horreur de cet acte sans nom du roi Louis-Philippe Ier.

Enfin pourtant, cette horrible affaire a reçu une dénomination : c'est celle de *procès-monstre*. Cette idée est heureuse et doit éviter de longues périphrases. Avant que l'on eût imaginé cette expression pittoresque, toutes les fois qu'il en était question dans les journaux ou dans la conversation, le sujet était amené par des circonlocutions dont on ne voyait pas la fin. Maintenant toute cette éloquence préalable est devenue inutile. *Procès-monstre!* les deux seuls mots de *procès-monstre* expriment tout ce que l'on pourrait vouloir dire, et ce qui suit n'est plus qu'une affaire de nouvelles et de faits.

Ces nouvelles et ces faits varient cependant considérablement, et vous laissent dans une situation d'esprit très vacillante, quant à ce qui arrivera après. L'un vous dit que Paris sera mis immédiatement en état de siége, et que tous les étrangers, à l'exception de ceux attachés aux différentes ambassades, seront très poliment priés de s'en aller. L'autre déclare que ce n'est là qu'une faible invention de l'ennemi, mais ajoute qu'il est néanmoins très probable qu'un assez fort cordon de troupes entourera la ville pour veiller jour et nuit à ce que *les jeunes gens* de la capitale, dans leur humeur guerrière, ne cherchent point à laver dans le sang de leurs concitoyens la tache que la naissance illégitime du *monstre* a causée à la France. D'autres, enfin, annoncent qu'une légion de patriotes dévoués a juré de sacrifier une hécatombe de gardes nationaux pour expier une abomination dont ils leur attribuent la première origine.

Il y en a beaucoup qui prétendent que le procès n'aura jamais lieu ; ceux-ci disent que le gouvernement, tout audacieux qu'il est, n'osera pas faire plus que montrer l'image du monstre pour effrayer le peuple, et qu'une amnistie générale terminera l'affaire.

A dire vrai, ce serait une pénible tâche que de rendre compte de la moitié seulement des histoires qui circulent dans Paris sur ce sujet; mais je puis vous assurer qu'il suffit de prêter l'oreille au récit des terribles préparatifs qui se font au Luxembourg, pour se sentir tout-à-fait mal à son aise, et plus d'une famille anglaise a déjà jugé prudent de quitter Paris.

Il fut un moment où la véhémente éloquence d'un ardent républicain qui nous a fait une visite était réellement parvenue à nous inspirer presque de l'effroi. J'avais commencé par lui demander s'il croyait que les procès politiques qui vont avoir lieu, produiraient d'autres résultats que les inconvéniens qu'ils causeront aux parties intéressées.

« Des résultats! s'écria-t-il; qu'entendez-vous par des résultats, madame?... la brûlante indignation de tant de millions de Français n'est-t-elle donc pas un résultat?... Les exécrations des nobles cœurs mis aux fers, emprisonnés, torturés, foulés aux pieds par la tyrannie, ne sont-elles pas un résultat?... Les gémissemens de leurs épouses et de leurs mères... les larmes de leurs enfans abandonnés ne sont-elles pas un résultat?... Oui, oui, madame, il y aura assez de résultats... ils viendront... et quand ce moment arrivera, pensez-vous, madame, que la révolution prochaine en soit une de trois jours?.. Il y en a eu une autre à qui elle ressemblera davantage. »

Il y avait dans ce discours un ton de prophétie si hideux, que je frémissais en l'écoutant, et des pensées de passeports à faire signer et de voitures à louer s'arrangeaient comme par instinct dans ma pauvre tête. Mais avant notre sortie de la soirée, toutes ces sombres méditations furent agréablement dissipées par la visite d'un doctrinaire de distinction.

Désirant voir mes craintes confirmées ou détruites, je me hâtai de lui dire que nous nous préparions à un brusque départ de Paris.

« Et pourquoi? » me demanda-t-il.

Je lui fis connaître les craintes que je commençais à éprouver. Il en rit de bon cœur.

« Qui donc avez-vous écouté? » me dit-il.

—« Je ne vous citerai point mon autorité, répondis-je, mais je vous apprendrai exactement ce qu'elle m'a dit. »

L'ayant fait, M. *** se mit à rire plus franchement encore qu'auparavant.

« C'est délicieux ! s'écria-t-il ; et vous avez donc réellement été assez heureuse pour tomber sur un de ces *enfans perdus*. Mais ne partez pas sur-le-champ, je vous en prie, continua-t-il ; écoutez auparavant une autre version de cette affaire. »

C'était là précisément ce que je désirais, et après l'avoir assuré qu'il ne pouvait me rendre un plus grand service que de me mettre au fait du véritable état des affaires, je fermai la croisée, afin que le roulement des voitures ne m'empêchât pas de bien écouter ce qu'il allait me dire. Et voici le résumé de son discours :

« Ma bonne dame, *soyez tranquille*, il n'y a pas plus de danger de révolution aujourd'hui en France, qu'il n'y en a en Russie. Louis-Philippe est adoré, les lois sont respectées, l'ordre est universellement rétabli, et s'il existe un sentiment de mécontentement, ou quelque chose qui approche de l'irritation parmi nous, ce n'est que chez ces malheureux qui conservent encore l'espérance de troubler notre paix et notre prospérité... Mais ne craignez rien... vous pouvez être rassurée; le nombre de ces hommes est trop petit pour qu'il puisse valoir la peine même de les compter. »

— « Je me réjouis de l'apprendre... Et ce procès?... Comment pensez-vous qu'il finisse? »

— « Comme tout procès doit finir... par la punition de ceux qui seront reconnus coupables. »

« Veuille le ciel! repris-je, pour le bonheur de l'humanité en général, et en particulier pour cette partie du genre humain qui habite en ce moment Paris. Mais ne pensez-vous pas, Monsieur, que l'irritation produite par les préparatifs qui se font au Luxembourg soit réellement d'une étendue considérable et d'une grande violence? »

— « Quelle que soit son étendue, toutes les personnes les mieux instruites sont convaincues que le sentiment de ceux qui approuvent ces préparatifs est bien plus généralement répandu, et en même temps plus sincère. Je puis vous assurer que ce procès est très populaire. Il doit servir à la justification et à la protection de la garde nationale... et ne sommes-nous pas tous gardes nationaux ? »

— « Vous avouez, cependant, qu'il est très probable que l'opinion républicaine sera assez forte pour produire de nouveaux troubles, quoique peut-être pas une nouvelle révolution, et la situation des étrangers deviendrait fort embarrassante si elle donnait lieu à une nouvelle explosion d'enthousiasme public. »

— « Pas le moins du monde, je puis vous l'assurer; car, en tous cas, cet enthousiasme, comme vous lui faites l'honneur de l'appeler, ne servira qu'à mettre au jour de nouvelles preuves de la stabilité et du pouvoir du gouvernement, dont nous avons maintenant le bonheur de jouir. »

« Ce sont là, dis-je, les nouvelles les plus agréables que vous puissiez donner à une pacifique voyageuse ; et désormais je m'efforcerai de lire et d'écouter tranquillement tout ce que les accusés et leurs partisans jugeront convenable de faire ou de dire. »

— « Et vous ferez sagement, croyez-moi. Soyez parfaitement tranquille, et assurée que Louis-Philippe regarde les Anglais comme ses meilleurs amis. Tant que cela sera, vous serez aussi sûre à Paris que vous pourriez l'être au château de Windsor ou à la Tour de Londres. »

Ce fut en achevant ces paroles encourageantes qu'il me quitta, et comme, à dire vrai, je le crus mieux instruit de la nouvelle politique de la *Jeune France* que la plupart des personnes, je continuerai à accepter des invitations, sans craindre que des barricades m'empêchent de m'y rendre.

LETTRE VIII.

Éloquence de la chaire. — L'abbé Cœur. — Sermons à Saint-Roch. — Brillante Assemblée. — Costume du jeune Clergé.

J'ai remarqué, depuis mon retour dans cette France si légère, une nouveauté qui m'a été fort agréable, c'est la considération qui s'attache à présent à l'éloquence du prédicateur.

Les auteurs qui se livrent à l'étude de l'économie politique disent que le commerce parvient toujours à fournir, de chaque marchandise, une quantité proportionnée aux besoins de la population; et je pense que c'est d'après ce principe que nous devons expliquer l'abondance actuelle d'un talent qui, il y a quelques années, existait à peine en France, et qu'on pourrait même peut-être lui refuser tout-à-fait, si les pages brûlantes de Fénelon et celles de son adversaire

Bossuet ne rendaient impossible de commettre une pareille injustice.

Il y a, je pense, à peu près douze ans que je me suis donné quelque peine pour découvrir si des restes de cette glorieuse éloquence subsistaient encore à Paris. J'entendis à cette époque prêcher à Notre-Dame, à Saint-Roch, à Saint-Eustache; mais jamais recherche ne fut couronnée de moins de succès. Je ne trouvai pas le moindre talent dans les prédicateurs. Ils avaient l'air d'hommes grossiers et sans éducation; je crois que cela était effectivement ainsi et l'est encore dans beaucoup de cas. Les églises étaient à peu près vides, et le petit nombre de personnes qui se faisaient voir sous leurs magnifiques voûtes semblaient appartenir à la dernière classe des vieilles femmes.

Que le changement est grand aujourd'hui! Nulle part on n'est plus assuré de rencontrer une foule de personnes distinguées et d'une mise élégante que dans les principales églises de Paris : et ne croyez pas que cette foule trompe l'œil sur son rang, par les apparences seules du luxe. Demandez le nom de celui qui s'agenouille à l'un de vos côtés avec tant de dévotion ; quelle est celle qui de l'autre tourne avec une attention si soutenue les pages de son Paroissien ; et en réponse votre oreille sera frappée des plus beaux noms dont la France s'honore.

Quoique l'éloquence de la chaire ait été pour moi un sujet d'intérêt et d'attention, dans tous les temps, et dans tous les pays que j'ai visités, j'osais à peine, en arrivant à Paris, cette fois, renouveler mes questions à ce sujet, de peur qu'on ne m'adressât encore à quelque prédicateur dont l'organe ne vaudrait pas mieux que les discours, et qu'en allant l'écouter je ne me visse entourée des vieilles femmes sourdes et endormies dont se composeraient ses ouailles. Mais je n'ai pas tardé à apprendre, sans le demander, que les églises sont devenues aujourd'hui le lieu de réunion de tout ce qu'il y a à Paris de personnes jeunes, belles, bien nées et instruites.

« Avez-vous entendu l'abbé Cœur ? » me demanda peu de jours après mon arrivée une personne qui n'eût pas voulu pour tout au monde être rangée parmi les *rococos*.

Ma réponse et l'explication qui s'ensuivit me firent songer avec une véritable joie que nous allions entrer dans la Semaine sainte, époque si catholique pour la prédication. Je résolus sur-le-champ de profiter de cette occasion pour entendre parfaitement, plaisir nouveau pour moi, un prédicateur à la mode à Paris.

Je ne perdis pas de temps pour mettre mon projet à exécution. L'église Saint-Roch est, de tout Paris, celle que fréquente le plus la haute société. Là nous étions sûres d'entendre ce célèbre abbé Cœur, et je m'occupai sur-le-champ du soin de découvrir le jour et l'heure où il devait prêcher.

En demandant ces renseignemens à l'église, on nous dit qu'il serait nécessaire, si nous voulions avoir des chaises, de venir au moins une heure avant la grand'messe qui précédait le sermon. C'était là un avis un peu effrayant pour des hérétiques qui, d'ailleurs, n'avaient pas beaucoup de temps à perdre. Mais ma résolution était inébranlable, et je me soumis, avec une petite partie de ma famille, à la condition

5.

qui m'était imposée de rester pendant une heure longue et silencieuse, immobile devant la chaire de Saint-Roch.

La précaution était réellement nécessaire; car la presse était effroyable; mais, pour nous consoler, la foule était toute composée des personnes les plus élégantes, et, après tout, le temps ne me parut pas trop long, puisque nous pûmes le passer à considérer les brillantes toilettes, les plumes ondoyantes et les fraîches fleurs qui ne cessaient de se serrer en rangs de plus en plus pressés autour de nous.

En effet, rien ne pouvait être plus beau que la collection de chapeaux, si ce n'est la collection d'yeux que l'on apercevait dessous. La proportion des femmes aux hommes nous parut être comme de douze à un.

« *Je voudrais savoir*, dit un jeune homme qui était assis près de moi, en s'adressant à une fort jolie femme, *je voudrais savoir si par hasard M. l'abbé Cœur est jeune?* »

La dame ne répondit pas, mais fronça le sourcil d'un air d'indignation.

Quelques minutes après, ses doutes, s'il en

avait réellement eus sur ce sujet, furent dissipés. Un homme, dont la figure était loin d'être mal, et qui n'était rien moins que vieux, monta en chaire, et sur-le champ quelques milliers de beaux yeux se fixèrent sur lui, et la silencieuse et profonde attention qui demeurait comme suspendue à chacune de ses paroles, cette attention que pas le plus léger bruit étranger ne venait interrompre, prouvait clairement que son influence sur l'élégante et nombreuse assemblée qui l'entourait devait être bien grande, ou son éloquence bien irrésistible; d'ailleurs, quoique *d'une autre paroisse*, je me rendis parfaitement compte de cette influence et de ce pouvoir : car il sentait réellement ce qu'il disait ; son organe, quoique faible et un peu criard, était distinct et son énonciation claire. Je ne perdis pas un mot de ce qu'il disait.

Sa manière était simple, affectueuse et sincère; son langage plein de force sans aucune violence; il cherchait pourtant bien évidemment à toucher plutôt le cœur que l'esprit de ses auditeurs, et il réussit au gré de ses souhaits:

car d'abondantes larmes coulèrent à ses paroles.

Un grand nombre d'ecclésiastiques assistèrent à ce sermon; ils étaient tous en grand costume et assis dans des places réservées en face de la chaire. Ils étaient par conséquent fort près de nous, et nous eûmes toutes les occasions que nous pouvions désirer de remarquer, même en eux, ce progrès de l'esprit humain qui opère en ce moment de si grandes merveilles sur la terre.

Au lieu de la tonsure que l'on voyait autrefois, et qui inspirait une vénération involontaire, quand elle pénétrait jusqu'au centre d'une épaisse chevelure, dont le noir brillant ou le châtain plus doux annonçait une jeunesse qui ne craignait point de sacrifier la grâce à un sentiment de dévotion; au lieu de cette tonsure, nous apercevions des cheveux agréablement peignés et d'amples *favoris* entretenus avec le soin le plus minutieux, tandis que le capuchon pointu retombait derrière la riche et ondoyante chevelure qui couronnait cette jeune tête.

L'effet de ce mélange est fort singulier. Mais nonobstant ce hardi abandon du costume ecclésiastique par le jeune clergé, il y avait dans la longue et double rangée de têtes serrées qui regardaient la chaire, plusieurs fort belles études pour un artiste. Sur ces traits on voyait clairement la trace des passions subjuguées par les années et par les pénitences ; aussi des causes semblables produisent partout des effets pareils ; je crus reconnaître parmi les vingt prêtres de Saint-Roch, en 1835, les originaux de plus d'une pieuse tête avec laquelle les peintres d'Italie, d'Espagne et de Flandre, m'avaient familiarisée.

Le contraste que présentaient les yeux enfoncés et l'expression sévère de plusieurs de ces fronts consacrés, avec l'élégance légère et aérienne des jolies femmes qui les environnaient était très frappant, et se joignant à la lumière adoucie qui pénétrait dans le vaste et noble édifice, formait un spectacle vraiment pittoresque et touchant.

Quand le sermon fut achevé, et pendant que la brillante assemblée s'écoulait par les diverses portes, comme autant de papillons courant au-devant du soleil, nous nous amusâmes à parcourir l'église; elle est vaste et magnifique pour une simple église paroissiale; mais, à l'exception de quelques-unes des chapelles, nous n'y trouvâmes pas beaucoup à admirer.

Ce vieil ecclésiastique dont la vie fut si scandaleuse, l'abbé Dubois, a ici un beau tombeau, rapporté du musée des Petits-Augustins; et un médaillon en marbre, offrant la tête de l'immortel Corneille, immortel en dépit de Victor Hugo, en a aussi été rapporté et est placé contre une des larges colonnes de la nef. Nous nous arrêtâmes un peu plus long-temps dans une petite chapelle derrière l'autel. Je ne parle pas de celle du milieu, quoique la lumière rouge y soit fort artistement ménagée, mais de celle où se voit un calvaire sculpté; c'est, je crois, une des douze stations qui se trouvent dans différentes parties de l'église. L'aspect sous lequel elle se présenta à nous, un grand effet de lumière accidentelle faisant ressortir la figure délicate de la Madeleine agenouillée, et laissant le Sauveur dans l'ombre et le repos de la mort; sous cet aspect, dis-je, cette belle chapelle avait un charme qui, bravant toute critique artistique, et enlevant toute faculté de juger, ne laissait que le pouvoir de sentir. Le maître-autel de Saint-Roch et l'espace qui l'entoure, sur lequel s'étend un riche tapis de pied, sont remplis d'une prodigieuse abondance des fleurs les plus rares et les plus odorantes, dans des caisses et des vases. C'est la seule fois que je me rappelle d'avoir senti le parfum de ce bel et saint ornement se répandre dans toute l'église; certes, il n'y a pas d'encens plus doux ni plus agréable à offrir sur un autel, et si ce n'était pour le gracieux mouvement de l'encensoir que l'on balance, et qui plaît particulièrement à mes yeux, je recommanderais à l'église catholique d'épargner désormais les précieux baumes de l'Orient, et d'offrir en place le parfum des fleurs.

Comme nous allions quitter l'église, nous vîmes environ cent cinquante enfans des deux sexes, entre dix et quatorze ans, s'assembler pour apprendre le catéchisme d'un jeune prêtre qui les reçut dans la chapelle de la Vierge. Sa manière était familière, aimable et caressante, et ses longs cheveux retombant sur son cou, lui donnaient l'air d'un jeune saint Jean.

LETTRE IX.

Littérature de l'École révolutionnaire. — Elle est peu estimée en France.

———

Parmi les nombreuses marques d'attention que j'ai reçues de mes amis de Paris, le soin qu'ils prennent de me procurer la plupart des nouveaux ouvrages qui paraissent est une de celles dont je leur sais le plus de gré.

On s'imagine généralement qu'il est facile, par le moyen d'un cabinet de lecture, de savoir ce qui se passe à Paris dans la littérature; mais c'est là une bien grande illusion, quoique du reste on doive en beaucoup de cas se féliciter de son ignorance.

Une personne, à qui je dois une grande reconnaissance pour la bonté avec laquelle elle a offert de m'assister dans toutes mes recherches, m'a fourni des renseignemens fort curieux sur la littérature et les gens de lettres en France.

Il est impossible de disconvenir que dans cette branche de prééminence humaine, le parti qui vient de perdre le pouvoir et les honneurs jouit d'une supériorité décidée. Aurais-je tort de dire que c'est là une justice pratique?

Les politiques du jour, actifs, affairés, inquiets, ont réussi à chasser leurs rivaux des postes qu'ils occupaient pour s'installer à leur place; une dynastie a été renversée et une autre établie; d'anciennes lois ont été abrogées, et de nouvelles ont été créées par douzaine. Une noblesse héréditaire a été déshéritée et de petits hommes se sont faits grands; mais au milieu de cette vaste destruction, ils ne sont point encore parvenus à faire en sorte qu'une seule des minces réputations littéraires du jour l'emporte dans la balance contre la renommée des hommes qui jamais ne prêtèrent leur voix pour célébrer la cause de la trahison, du régicide, de la révolte et de l'obscénité. La réputation littéraire de Châteaubriant et de Lamartine s'élève sans aucune comparaison au-dessus de tous les autres écrivains français d'aujourd'hui. Le premier, cependant, malgré tout son génie, s'est laissé parfois emporter par son imagination, et le dernier n'a donné au public que les loisirs de sa vie littéraire. Mais l'un et l'autre sont, non-seulement des hommes de génie, mais encore des hommes d'honneur et de principes, et c'est encore une consolation pour la nature humaine, de songer que ces qualités servent à maintenir toujours à flot ceux qui les possèdent, quelles que soient les tempêtes qui mugissent autour d'eux, ou les vagues courroucées qui les assaillent.

Mais ce ne sont pas des hommes comme ceux-là qui fournissent aujourd'hui en France la matière des observations littéraires les plus intéressantes : ils parlent pour eux-mêmes; tout le monde les connaît, eux et leur position. La circonstance la plus remarquable de la littérature actuelle de la France, c'est qu'à l'exception de l'histoire, branche dans laquelle Thiers et Mignet se sont rendus assez recommandables, malgré ce que leur philosophie a d'étroit et de mesquin; avec cette seule exception, dis-je, il n'a pas paru depuis la révolution de 1830, au milieu de tant d'ébullitions d'une imagination effrénée, qui ne se laisse retenir ni par les convenances, ni par les principes, ni par le bon goût, un seul ouvrage qui ait obtenu un succès solide, grand et généralement avoué ! Il n'y a pas non plus un seul auteur qui, depuis cette époque, se soit élevé par ses ouvrages à cette position dans la société, que dans tous les pays on accorde si généralement et si cordialement à ceux qui jouissent d'une haute réputation littéraire.

Quoique aussi certaine de la vérité de ce que je dis que je le suis de mon existence, je n'en suis pas moins fort contente d'être tranquille chez moi pendant que j'écris ; car si mes paroles pouvaient être entendues de cet essaim bourdonnant de petits génies, qui se réunissent, les uns dans les foyers des salles de spectacle, d'autres dans les bureaux de rédacteurs des journaux, et d'autres dans les lieux où s'impriment les petits contes à la mode, je serais infailliblement lapidée ou piquée par leurs aiguillons jusqu'à ce que mort s'ensuive.

Il me semble entendre déjà leurs clameurs.

« Infâme calomniatrice! s'écrie l'un. n'ai-je donc pas acquis une réputation? Ne gagné-je pas tous les ans plusieurs milliers de francs par ma sublime familiarité avec le péché et la mort?»

« Je n'ai donc pas de réputation!... Moi... pas de réputation! dit un autre; femme, qu'appelez-vous donc une réputation?... Les spectacles ne se remplissent-ils pas d'une foule empressée, toutes les fois que je mets sur le théâtre le meurtre, le libertinage et l'inceste, pour charmer le monde par des crimes incompatibles? »

« Écoutez, ô savans! gémit un troisième; et moi aussi, n'ai-je pas une réputation?... Ne suis-je pas célèbre?.... Audacieuse calomniatrice!... Mes contes délicieux, où se peint la pure nature, ne sont-ils pas dans les mains de tout jeune homme né libre, de toute jeune fille sensible dans notre Athènes régénérée?... Audacieuse calomniatrice! »

Si j'étais obligée de répondre à ces clameurs, je dirais : « Si vous appelez cela de la réputation..., prenez-la..., essayez-en..., jouissez-en à votre gré..., et voyez où vous serez dans une douzaine d'années d'ici. »

Malgré cette disette extraordinaire de grands talens, je ne vois pas qu'il y ait jamais eu d'époque où les presses françaises aient été plus occupées qu'en ce moment. La révolution de 1830 paraît avoir mis en mouvement tous les esprits du second ordre. Il n'y a pas d'enfant sortant de l'école, pas d'ouvrier ignorant qui ne se croie à la fois le pouvoir et le droit d'instruire le monde. « Chaque être vivant dans Paris a pris part à cette glorieuse lutte », dit le journal. — « Oui, tous », répond l'artisan aux mains noires, en ouvrant ses naseaux pour respirer l'air, avec l'orgueil enivrant d'un pouvoir arrogé. « Oui, répond chacun d'eux ; c'est nous ! c'est nous ! » Et puis, comme les sorcières inquiètes sur l'aride bruyère, que leur haleine impure a flétrie, ils se réveillent, et regardant du haut du mal qu'ils ont fait, vers le mal plus grand qui leur reste encore à faire, ils murmurent prophétiquement : « Nous ferons ! nous ferons ! nous ferons (1) ! »

Quant à moi j'avoue que je ne comprends

---

(1) *We'll do, we'll do, we'll do.* (Macbeth.)

pas qu'il ait pu se trouver des personnes qui aient classé des écrivains de ce genre parmi les hommes célèbres de la France ; et pourtant on l'a fait ; ce ne sera que quand les effets de la commotion populaire, qui leur a donné l'existence, se sera parfaitement calmée, que l'état actuel de la littérature française pourra être bien connu.

Béranger n'a point été le produit de ce tourbillon ; dans quelque temps qu'il écrive, quel que soit le sujet de ses vers, le feu d'une véritable inspiration poétique brillera à travers les brouillards épais que de faux principes élèvent autour de lui. Je crois bien qu'il n'est qu'un météore, mais ce météore a beaucoup d'éclat, et il brillera même au sein d'exhalaisons pestilentielles et sur le bord des plus dangereux précipices. On ne peut en aucune façon le compter au nombre des poètes de la nouvelle école dont je me suis permis de mettre en doute les droits à une renommée légitimement acquise.

Je ne disconviendrai pourtant pas que, même chez eux, on ne rencontre parfois des éclairs de talent, des étincelles d'esprit et des élans d'une éloquence pleine de chaleur. Il serait difficile qu'il en fût autrement ; mais tout cela brille un moment et s'éteint l'instant d'après. L'huile qui alimente la lampe du génie révolutionnaire est trouble ; et les vapeurs nauséabondes, qui s'élèvent en même temps que la flamme, ne peuvent manquer d'en ternir la clarté.

Ne me croyez pourtant pas assez présomptueuse pour ne citer ici que mon propre jugement sur la position que la nouvelle école, dénomination que les *décousus* se sont donnée par excellence, tient dans l'estime publique. Je conçois que mon jugement serait ici d'un faible poids. Ce que je vous en dis est le résultat des renseignemens que j'ai pris parmi les personnes les plus capables de m'instruire à fond de ce sujet. Quand les noms de ceux d'entre ces auteurs qui ont le plus écrit et qui ont même trouvé le plus de lecteurs sont proférés dans le monde, à quelque parti politique qu'appartienne la société dans laquelle on se trouve, on est sûr de les entendre traiter comme une caste de parias avec laquelle il faut éviter tout contact.

« Connaissez-vous *** ? » est une question que j'ai souvent faite en parlant d'une personne dont le nom est cité en Angleterre comme celui de l'écrivain français le plus estimé du siècle, et que, par parenthèse, on cite comme une preuve de l'abaissement dans lequel sont tombés en France le bon goût et les bons principes littéraires.

« Non, madame », prononcé d'un ton glacial a été constamment la réponse qui m'a été faite.

— « Ou *** ? »

— « Lui! Il n'est pas reçu dans la société. »

— « Ou *** ? »

— Oh! non, ses ouvrages vivent une heure (et c'est trop!) après quoi ils sont oubliés pour toujours. »

D'après cela, ma chère amie, si vous me voyez revenir de France avec une bien meilleure idée du bon goût et des sentimens moraux des habitans que quand j'y suis arrivée, ne croyez pas que l'échelle dont je me servais pour mesurer ce qui est bien se soit rapetissée, mais plutôt que j'ai reconnu combien mes idées à cet égard étaient d'accord avec celles de nos voisins, si aimables et si injustement accusés. Mais j'aurai probablement l'occasion de revenir plus d'une fois sur ce sujet.

Adieu.

LETTRE X.

Longchamps. — Les trois Heures d'agonie à Saint-Roch. — Sermon sur la Passion. — Espérances des Catholiques. — O'Connel.

Vous savez sans doute, mon amie, quoique je l'ignorasse, que les mercredi, jeudi et vendredi de la semaine sainte, sont tous les ans consacrés par les Parisiens à une magnifique promenade en voiture, à cheval et à pied, à une partie du bois de Boulogne qu'on appelle Longchamps. J'étais assez embarrassée pour expliquer l'origine de ce nombreux et brillant assemblage d'équipages et de personnes, réunies évidemment dans le seul but de voir et de se faire voir, et cela dans des jours si généralement consacrés à des exercices religieux. J'en ai obtenu une explication dont je vous ferai part dans l'espérance qu'elle sera nouvelle pour vous. Il paraît que cette coutume est elle-même une sorte d'exercice religieux, ou du moins qu'elle l'était à l'époque de sa première institution.

Quand le beau monde de Paris adopta pour la première fois l'usage de se rendre à Longchamps, pendant ces jours de pénitence et de prières, il s'y trouvait un couvent, dont les religieuses étaient célèbres pour chanter les offices de ces saintes journées avec une piété et un recueillement extraordinaires. Aussi tant qu'elles conservèrent cette réputation, c'est-à-dire jusqu'à la première révolution, on regardait comme un bonheur particulier d'être admis dans la chapelle pour entendre leurs douces voix.

A la révolution, le couvent fut détruit; mais les chevaux et les voitures de Paris continuent, comme par un mouvement machinal, à suivre la même direction quand arrive la fin du carême.

Ce spectacle est extrêmement agréable. Il rivalise avec celui qu'offre le Hyde-Park, un beau dimanche de printemps, quant au nombre et à l'élégance des équipages, et le surpasse infiniment pour l'étendue et la magnificence de la route qu'ils parcourent. Quoique les personnes qui font partie de cet assemblage de tout ce que Paris renferme d'opulence, de rang, de beauté et de bon ton, disent encore qu'elles vont à Longchamps, la promenade, tant pour celles qui vont en voiture, que pour les cavaliers et les piétons, se borne aujourd'hui à la superbe avenue qui conduit de l'entrée des Champs-Élisées à la barrière de l'Étoile.

Depuis trois heures de l'après-midi jusqu'à six, tout ce vaste espace est rempli de monde; et j'avouerai que je ne croyais pas qu'il fût possible de réunir autre part qu'à Londres un si grand nombre de beaux et riches équipages. La famille royale avait plusieurs magnifiques voitures; celle du duc d'Orléans est surtout remarquable par la beauté des chevaux et l'élégance de l'ensemble.

Les ministres d'état et toutes les légations étrangères firent honneur à l'occasion, la plupart dans de riches équipages, avec des chasseurs à plumets de différentes couleurs, et des chevaux fort bien enharnachés. L'éclat de la scène était augmenté par d'assez beaux équipages de divers particuliers, mais surtout par les belles femmes qu'ils renfermaient.

La seule personne qui arriva à la promenade avec deux voitures, deux chasseurs à plumets et deux attelages de quatre chevaux magnifiquement caparaçonnés, fut M. T..., négociant américain, de qui les immenses richesses et les dépenses plus vastes encore, répandent, dit-on, la plus grande consternation parmi ses modestes compatriotes. On nous a assuré que la singularité du goût transatlantique de ce Crésus, égalant la vivacité de son imagination, il s'est montré pendant les trois jours de Longchamps, chaque fois avec une livrée différente. Il n'avait, du reste, sans doute, aucune raison de famille pour préférer une couleur à une autre.

De distance en distance on voyait plusieurs élégans anglais à cheval, ce qui n'ajoutait pas peu à l'agrément de l'ensemble, par la noble allure, les jolies caracolades et le poil uni de leurs montures, car un cheval de selle anglais de bonne race, et bien dressé, est sans contredit la plus gracieuse créature du monde. Il ne manquait pas, non plus, pour compléter le spectacle, de cavaliers français fort bien montés, tandis que les contre-allées étaient remplies par une innombrable foule de piétons bien mis ; de sorte que la scène entière formait une masse mouvante de pompe et de plaisir.

Toutefois le temps a été loin de favoriser cette année la promenade de Longchamps. Le vent était si piquant que pendant toute la journée du mercredi nous restâmes frissonnant à côté de notre feu. Le lendemain, le temps étant un peu moins rude, nous nous risquâmes à sortir ; mais le spectacle qui nous attendait était réellement choquant. Plusieurs d'entre les voitures étaient ouvertes, et les dames qui les occupaient étaient pâles de froid dans leurs légers et flottans costumes de printemps; car vous saurez que c'est à Longchamps que se montrent pour la première fois les nouvelles modes de la saison commençante; et quelque versé que l'on soit dans cette importante science, nul ne peut dire quelle sera la forme du chapeau, la couleur de l'écharpe ou du schall, que la capricieuse déesse imposera à ses adoratrices, jusqu'à ce que la promenade décisive de Longchamps soit passée. En conséquence, les marchandes de modes avaient fait leur devoir, et, à dire vrai, elles avaient grandement devancé le printemps. Mais c'était triste à voir comme les belles branches de lilas, les gracieuses et flexibles cytises, merveilleux ouvrages de l'art, pliaient et se rompaient au vent. On eût dit que le paresseux printemps, fâché de voir imiter avec tant de perfection les fleurs qu'il ne voulait pas encore envoyer, faisait souffler exprès cette cruelle bise pour flétrir l'ouvrage de ses rivaux. Tout alla mal ce jour-là. Une pluie glacée mouilla les frais rubans, et les plumes, au lieu de jouer gracieusement avec les zéphirs, comme elles l'auraient dû, eurent à soutenir un rude combat contre Borée.

Le lendemain encore la journée commença de la manière la plus fâcheuse: six pouces de neige couvraient tous les toits; mais vers midi le soleil se montra, et quoiqu'il fît encore si froid que l'Angleterre elle-même aurait eu honte d'un pareil dix-sept d'avril, le ciel du moins étant assez pur, Longchamps présenta réellement ce brillant assemblage de voitures, de cavaliers et de piétons, que je vous ai décrit plus haut.

Nous demeurâmes, comme tout le reste de Paris, montant et descendant en voiture, au milieu de cette agréable foule, jusqu'à six heures du soir, quand elle diminua peu à peu et que chacun rentra chez soi pour dîner.

La première partie de cette journée, qui était le vendredi-saint, s'était passée d'une manière bien différente. Cette belle et solennelle musique, qui jadis attirait tout Paris au bois de Boulogne, se fait maintenant entendre dans plusieurs églises de la capitale. On nous avait conseillé d'aller à Saint-Roch, et je dois convenir que je n'avais jamais entendu de service divin aussi touchant.

Je trouve qu'il y a une grande sagesse à accorder à la musique une part importante dans les cérémonies de la religion. Il n'y a rien qui commande et enchaîne l'attention avec autant de force. L'oreille est parfois sourde à l'éloquence, et les pensées rampent souvent sur la terre en dépit de tous les efforts du prédicateur pour les élever vers le ciel; mais il est rare que l'on puisse échapper à l'effet de la musique; et quand elle offre le caractère de celle qui s'exécute dans une église catholique le jour du vendredi-saint, je ne crois pas possible que l'auditeur le plus léger et le plus indifférent puisse l'entendre sans émotion.

On appelle ce service *les trois heures d'agonie*. La foule assemblée pour y assister était immense. Je ne saurais louer assez la composition de la musique; c'est tout ce que l'on peut imaginer de plus sublime, et la manière fortement *impressive* dont elle a été exécutée m'a rappelé l'anecdote de ce jeune organiste qui avait accompagné une hymne autrement que son prédécesseur. Quand on lui demanda s'il n'avait pas changé la composition, il répondit : « Non; mais j'ai toujours coutume de lire les paroles en jouant. »

Je pense que les musiciens qui exécutent le service du vendredi-saint, à Saint-Roch, font comme ce jeune organiste; car il est impossible de rien imaginer de plus touchant et de plus pathétique que la manière dont l'ensemble de ces frappantes cérémonies se célèbre dans cette église.

Le terrible évangile du jour fournit un texte à l'ardente éloquence de plusieurs prédicateurs qui se succédèrent, et dans lesquels il y en avait un ou deux qui décrivirent l'affreux évènement avec une force admirable. C'étaient tous des hommes fort jeunes; mais ils racontèrent l'effrayante histoire avec une si grande solennité, des images si fortes et une éloquence si véhémente, qu'ils produisirent un effet prodigieux.

Par intervalle l'orgue, uni à plusieurs instrumens à cordes, et à un chœur de voix mélodieuses, exécutait ce même évangile de manière à glacer le sang dans les veines.... La souffrance, la soumission, le plaintif mais sublime : *consummatum est*; et l'élan convulsif de la nature indignée qui suivit, se manifestant par le tonnerre, la grêle et le tremblement de terre, tout cela fut présenté à l'esprit avec une force miraculeuse.

On m'a dit depuis que le service à Notre-

Dame était encore plus beau ce jour-là ; mais en vérité j'éprouve quelque difficulté à croire que cela soit possible.

Pendant ces trois derniers et solennels jours du carême, je me suis efforcée, par tous les moyens en mon pouvoir, de découvrir si et jusqu'à quel point l'on jeûne. Si cette pénitence se fait réellement, il est bien certain qu'elle a lieu dans le véritable esprit de l'Évangile, qui nous dit de jeûner sans que cela paraisse aux yeux des hommes. En effet, tout se passe avec autant de gaieté que si nous étions encore au temps du carnaval. Les restaurans exhalent le parfum de cent mets différens ; les théâtres sont ouverts et aussi pleins que les églises ; les invitations ne cessent point, et rien de ce qui m'entoure ne me rappelle que je suis au milieu d'un peuple catholique, à une époque de pénitence.

Et pourtant, quelque contradictoire que cette assertion puisse paraître avec ce que je viens de dire, je suis convaincue qu'en aucun temps, depuis un demi-siècle, le clergé de l'Église de Rome n'a senti plus fortement qu'à présent l'espoir de recouvrer sa puissance ; et à dire vrai, je ne crois pas qu'il soit à cet égard dans une bien grande erreur. La part que les prêtres catholiques ont eue dans la révolution belge, et le rôle plus remarquable encore qu'ils jouent en ce moment dans les premières scènes du drame terrible qui se prépare en Angleterre, ont donné une nouvelle impulsion à l'ambition de Rome et de ses enfans. On lit cette impulsion dans le maintien orgueilleux de ses jeunes prêtres; on la lit dans le regard profondément méditatif de ceux qui sont plus âgés; elle est encore visible dans leurs ornemens tout neufs en drap d'or et d'argent; dans les précieuses décorations de leurs autels renouvelés; et bien profondément surtout dans cette politique qui leur dit que ce n'est que par la douceur qu'ils regagneront ce qu'ils ont perdu par la prépotence. Je ne puis m'empêcher de croire que dans leurs assemblées secrètes ils se disent souvent : « Nul homme ne met une pièce de drap neuf dans une vieille robe, car ce que l'on y met pour la remplir ôte à la robe, et le trou en devient plus visible... » S'ils étaient moins prudens, ils échoueraient dès l'abord; mais ils chatouillent leurs néophytes avant d'essayer de les convaincre. C'est pour cela que la chaire est confiée aux hommes jeunes et éloquens qui gagnent l'œil et l'oreille de leurs auditeurs, longtemps avant que ceux-ci se doutent du but où l'on veut les conduire. Mais pendant que les jeunes hommes prêchent, les vieux ne sont pas oisifs. Ils font courir de toutes parts des bruits de nouveaux couvens, de nouveaux monastères, de nouveaux ordres, de nouveaux convertis. Cette secte rusée, mondaine, calme en apparence, mais au fond d'une ambition effrénée, s'étant de tous côtés réunie à la cause de la démocratie, regarde tranquillement le résultat de ses travaux, et épie, comme un tigre qui feint de dormir, le moment où elle pourra se venger du long jeûne de puissance pendant lequel elle a vécu en rongeant sa propre chair.

En ce moment enfin, elle salue l'aurore d'un nouveau jour. Je voudrais que toute l'Angleterre pût entendre comme moi les prophéties qui se débitent sur le renversement de notre Église nationale, comme sur un évènement aussi certain que la pluie après une longue sécheresse. Je voudrais que toute l'Angleterre pût entendre comme moi le nom d'O'Connel cité comme celui d'un nouvel apôtre, et la hardiesse avec laquelle il attaque ceux qui osent encore élever la voix pour défendre la croyance de leurs pères, offerte comme une preuve triomphante de l'influence de cet homme et de la foi catholique, qui sont en effet inséparables..... Mais pardonnez-moi, je me suis singulièrement écartée de mon sujet; et c'est d'ailleurs là un point dont il vaut mieux que je ne m'occupe pas. Je ne saurais en parler légèrement, car mon cœur est oppressé quand j'y pense; et je ne puis le traiter avec la gravité qu'il mérite, car je n'ai que tout juste assez de force pour gémir. Ainsi donc..... adieu.

LETTRE XI.

Salle d'audience au Luxembourg. — L'Institut. M. Mignet. — Le Concert Musard.

Par une faveur toute spéciale, on nous fit voir la nouvelle salle qui se construit au Luxembourg pour le procès des accusés politiques. L'extérieur en est fort beau, et, quoique tout entier en bois, l'architecture correspond parfaitement à celle de l'ancien palais. Son style riche et massif est on ne saurait mieux imité. Les lourdes balustrades, les gigantesques bas-reliefs sont tous vastes, solides et magnifiques ; et quand après cela on pense que le tout a été achevé dans l'espace de deux mois, on est tenté de croire qu'Aladin s'est fait doctrinaire et a frotté sa lampe avec un zèle tout particulier au service de l'État.

La salle d'audience est fort majestueuse ;

mais avec le grand nombre d'accusés et le nombre bien plus grand encore de témoins qu'il faudra interroger, l'espace réservé au public se trouve être fort resserré. Peut-être la prudence a-t-elle dicté ceci autant que la nécessité; et nous ne devons pas être étonnés en effet si les pairs de France désirent avoir en cette occasion le moins de relations possible avec la populace de Paris.

J'ai remarqué que les couloirs, les antichambres et les dégagemens de toute espèce étaient en général fort vastes; excellent arrangement et dont la sagesse est incontestable, car la présence d'un corps de troupes considérable sera absolument nécessaire. Je crois que de tout temps des soldats ont été et seront le seul moyen de tenir en respect un peuple remarquablement libre.

En attendant; rien ne pouvait être plus tranquillisant que d'entendre d'avance le récit de ce qui allait se passer en ce lieu, fait par le personnage aimable et distingué qui nous en avait procuré l'entrée.

Ces doctrinaire sont une tranquille fermeté,

une confiance dans leur force qui semble promettre que le repos du pays ne sera point troublé. Je suis convaincue que la plupart d'entre eux auraient préféré voir flotter le drapeau blanc plutôt que le drapeau tricolore; et pourtant je ne pense pas que, en adhérant de cœur et d'ame au gouvernement actuel, ils manquent de sagesse ou de sincérité. Quoi que puisse penser ou désirer un spectateur indifférent à l'égard des luttes et des changemens que l'avenir prépare, il me paraît certain qu'un Français, qui a réellement à cœur la prospérité de son pays, ne peut en ce moment souhaiter autre chose que la continuation de la tranquillité dont il jouit.

A la vérité, si la démocratie gagnait du terrain, si les épouvantables illusions politiques, par lesquelles les personnes très jeunes et très ignorantes sont si susceptibles de se laisser égarer, se faisaient voir le moins du monde dans le système politique du gouvernement existant, la question changerait totalement de face, et tout honnête homme, possédant le libre exercice de son jugement, serait en conscience obligé de faire ce qui dépendrait de lui pour opposer une digue au mal. Mais le contraire a bien évidemment lieu, et il y a toute raison de croire qu'il n'existe pas de souverain en Europe qui ait aussi peu de goût pour le désordre et la licence que le roi Louis-Philippe. Soyez bien assurée que ce n'est pas de lui que les radicaux, de quelque pays qu'ils soient, recevront de la protection ou de l'encouragement. Ce serait en vain qu'ils l'espéreraient.

En quittant le Luxembourg, nous nous rendîmes dans les bureaux du secrétaire de l'Institut, pour demander des billets pour la séance annuelle des cinq académies qui a eu lieu hier. On nous en donna avec beaucoup d'obligeance. Oh! pourquoi nos instituts, nos académies, nos cours, ne sont-ils pas organisés avec autant de libéralité! Nous avons passé hier deux heures fort agréablement à cette séance.

Je voudrais bien que les jeunes gens de l'École Polytechnique, quand la fantaisie leur prit de changer l'ancien gouvernement de la France, eussent compris l'uniforme des membres de l'Institut dans leurs listes de proscription. C'eût été là un perfectionnement moins sujet à contestation que certaines autres innovations faites par eux : car comment expliquer qu'une assemblée de savans académiciens, de tous les âges et de tous les divers degrés d'embonpoint, prennent plaisir à se costumer tous uniformément en un habit bleu-clair brodé en feuilles de myrte? Je ne saurais donner une plus grande preuve de l'intérêt que m'inspirèrent les sujets que j'entendis traiter dans cette séance, que de vous assurer qu'en moins d'une demi-heure j'avais totalement oublié la surprise que m'avait causée ce costume corydonesque.

Nous assistâmes d'abord à la distribution des prix; puis nous entendîmes quelques membres prononcer ou plutôt lire leurs discours; mais le principal attrait de cette séance fut le discours de M. Mignet.

Cet écrivain est trop célèbre pour que nous n'eussions pas le plus vif désir de l'entendre, et jamais attente ne fut plus agréablement satisfaite. A une très belle figure et à une tournure noble, M. Mignet joint un organe et un jeu de physionomie qui seuls suffiraient pour assurer le sucès d'un orateur. Mais dans cette occasion, il ne voulut pas se fier à ces avantages extérieurs; son discours fut de tout point admirable : le sujet, les sentimens, la composition, le débit, tout fut excellent.

Il avait pris pour thème l'histoire de la comparution de Martin Luther devant la diète de Worms; et la manière dont il la traita me surprit autant qu'elle m'enchanta. Pas un seul trait de ce caractère si grand, si ferme, si inflexible, qui rendit la lumière à notre religion, ne lui échappa. C'était un portrait mental tracé avec cette hardiesse de couleurs, cette largeur de lumières, cette vigueur de coloris qui annonce la main d'un maître.

Mais était-ce donc un catholique qui prononçait ce discours?... Étaient-ce des catholiques qui remplissaient tous les coins de la salle et qui l'écoutaient avec une attention si soutenue, une admiration si franche?... Je l'ignore; mais quant à moi je puis bien déclarer que jamais mes sentimens protestans et réformés ne furent plus satisfaits qu'en écoutant l'éloquente histoire du plus beau moment de la vie de notre apôtre, décrites sous les lambris du palais du cardinal Mazarin.

Voici les derniers mots qui terminèrent ce discours :

« Sommé pendant quatre ans de se soumettre, Luther, pendant quatre ans, dit non. Il avait dit non au légat; il avait dit non au pape; il dit non à l'empereur. Dans ce non héroïque et fécond se trouvait la liberté du monde. »

On avait annoncé un autre discours qui devait clore la séance; mais quand M. Mignet se retira, personne ne parut pour le remplacer, et, après avoir attendu pendant quelques minutes, la nombreuse et brillante société se dispersa.

Vous avouerez, j'espère, que nous ne perdons pas notre temps, quand je vous dirai qu'après tout cela nous allâmes le soir au concert Musard. C'est là un de ces passe-temps auquel rien de ce que nous avons à Londres ne ressemble. A sept heures et demie, vous vous rendez dans une salle, belle, vaste et bien éclairée, qui ne tarde pas à se remplir de monde. Un bon orchestre, bien complet, joue pendant une couple d'heures les morceaux de musique les plus à la mode; et quand vous en avez assez, vous sortez de nouveau, précisément à l'heure convenable soit pour faire votre toilette pour une soirée, soit pour aller prendre des glaces chez Tortoni, soit enfin pour rentrer chez vous, faire votre thé et vous coucher de bonne heure. L'entrée de ce concert coûte un franc, et la modicité du prix, jointe à la toilette des dames, qui sont toutes en chapeau et en châle, pourrait faire croire aux profanes que ce divertissement est destiné au beau monde des faubourgs; mais la longue file de voitures qui remplit la rue prouve que, simple et sans prétentions, ce concert n'en a pas moins des charmes pour la meilleure société de Paris.

La facilité avec laquelle on entre dans le concert Musard me rappela les spectacles de l'Allemagne. Je remarquai plusieurs dames qui en sortaient, deux ou trois ensemble, sans homme. Dans l'intervalle des morceaux, la société se promène autour de la salle; les personnes qui se connaissent se rencontrent et font la conversation; et à tout prendre j'ai trouvé que c'était une manière fort agréable de satisfaire ce besoin français de s'amuser hors de chez soi, dont l'air même de Paris semble infecté.

LETTRE XII.

Le Jour de Pâques à Notre-Dame. — L'Archevêque. — Victor Hugo. — Vue de Paris. — L'Hôtel-Dieu. — M. Jefferson.

Nous avions depuis long-temps décidé en comité général que le jour de Pâques, nous entendrions la grand'messe à Notre-Dame. Je n'oublierai pas de si tôt le spectacle qui s'offrit à nous à notre entrée dans la cathédrale. On nous a assuré que dix mille personnes y étaient réunies ce jour-là, et ses dimensions sont si vastes que je ne doute pas de l'exactitude de ce calcul : car elle était pleine du haut en bas. L'effet de la galerie circulaire qui entoure la nef et forme comme le prolongement de la chapelle placée derrière l'autel, toute remplie de personnes bien mises, dont les rangs pressés s'élevaient en apparence jusqu'au toit, cet effet, dis-je, était magnifique. Le prix des chaises était bien plus considérable que de coutume et proportionné à l'avantage de leur position. Moyennant un franc de déboursé extraordinaire, nous obtînmes toutefois de fort bonnes places. La messe fut célébrée avec une grande splendeur. Les habits de l'archevêque et de ses prêtres étaient magnifiques, et quand ce prélat, qui a tout l'extérieur d'un prince, suivi de sa cour de chanoines et d'ecclésiastiques, traversa processionnellement l'église, la foule s'entr'ouvrant à son approche, on eût dit une rivière d'or se frayant un passage malgré tous les obstacles. L'archevêque est un homme qui a l'air fort doux et fort aimable; il ne cessait de répandre des bénédictions, de la bouche et de la main, sur le peuple au milieu duquel il passait avec une démarche lente et gracieuse.

Les dernières années de la vie de ce prélat ont été signalées par des vicissitudes remarquables. Il a vu son roi se faire une occupation de prédilection des cérémonies et des pénitences de son église. Il a vu ce roi et les plus illustres seigneurs de sa cour marcher en procession dans les rues de Paris. Il a vu ce même roi proscrit et renversé de son trône; et les pompes de sa religion n'osant plus offusquer les yeux du peuple dans les rues et sur les places. Il a vu son palais consacré rasé jusqu'à ses fondemens, et ses élémens éparpillés aux vents; et maintenant, ce même prélat se voit de nouveau bien reçu à la cour d'où Charles X a été banni, et, ce qui est peut-être plus étrange encore, il voit son troupeau, naguère effrayé, se rassembler de nouveau autour de lui, tranquille et silencieux, mais avec constance et fermeté, tandis que le pasteur qui, il y a peine cinq ans, tremblait pour sa vie, lève de nouveau la tête, non-seulement en sûreté, mais encore avec tout son ancien pouvoir et toute son ancienne influence.

A la vérité, on ne rencontre plus de processions catholiques dans les rues de Paris; mais si nous entrons dans les églises, nous reconnaissons que la splendeur qui s'y concentre n'a rien perdu de sa puissance en changeant de théâtre.

L'office du jour de Pâques, du moins pour ce qui regarde la musique, m'a paru infiniment moins touchant que celui du vendredi-saint à Saint-Roch. Cela provenait sans doute principalement du style de la composition; mais je soupçonne en outre que mon imagination fut démontée par la vue d'environ cinquante joueurs de violon que je jugeai, avec raison, faire partie de l'orchestre de l'Opéra, et qui étaient placés dans une enceinte formée pour eux au milieu du chœur. Les chanteurs et les enfans de chœur étaient aussi placés de cette manière inusitée et peu ecclésiastique, et quoique, dans le nombre, il y en eût plusieurs qui avaient de fort belles voix italiennes, comme en général ils avaient tous l'air de chanter « sans lire les paroles », mon oreille et mon imagination furent également désappointées.

La description, faite par Victor Hugo, du vieux Paris, vu du haut des tours de Notre-Dame, nous décida à braver la fatigue d'y monter. L'état de l'atmosphère était très favorable, et je reconnus avec plaisir que, quoique l'usage du charbon de terre, comme combustible, se soit fort étendu depuis quelque temps dans cette capitale, il n'a pas encore suffisamment obscurci la pureté de l'air pour empêcher qu'on ne distingue toutes les parties de ce magnifique panorama jusqu'à l'horizon le plus éloigné.

Cette masse impénétrable de fumée triste et brune que nous contemplons toutes les fois que le malin démon de la curiosité nous fait monter au sommet d'un de nos dômes, tours ou obélisques, ne manque jamais de nous faire regretter amèrement chaque pas que nous avons perdu pour y arriver; mais il faut réellement être harassé de fatigue pour se plaindre quand on jette les regards sur la brillante, chaude et mouvante miniature qui s'étend à nos pieds du haut des tours de Notre-Dame.

Quel monde de toits se croisent en tous sens, et combien sont mystérieux et incompréhensibles les ruelles, les ponts et les îles de la paresseuse Seine!

Un bateau, portant du bois ou du vin, que l'on aperçoit par intervalles, une buanderie flottante, avec sa rangée de naïades accroupies, ressemblant à un jouet d'enfant garni de petites figures de bois, et quelques établissemens de bains clairsemés; telle est toute l'utilité que semble retirer de ce fleuve la magnifique capitale qui a eu l'étrange idée de s'étendre le long de ses rives. Quand on songe à la forêt de mâts qui, à Londres, couvre une étendue de plusieurs milles, on ne conçoit pas comment ce qui paraît nécessaire aux besoins d'une grande ville peut être si complétement inutile à ceux d'une autre.

Le tableau peint par Victor Hugo de la scène qu'il a imaginée sous les tours de Notre-Dame, à l'époque où vivait son Esméralda, est tracé avec une vigueur étonnante, quoique, selon toute apparence, le joli panorama qu'il nous presente, ne ressemble pas plus à Paris qu'à Tombuctou. Je désirerais de tout mon cœur qu'il voulût se borner à peindre la nature inanimée et faire tous ses personnages avec d'innocentes pierres de taille : car, quoique ses descriptions aient quelque chose de vague et d'incertain, ils se rapprochent infiniment plus de la nature et de la vérité que ce que l'on rencontre dans les images qu'il trace de ses semblables.

Sa description de la vieille église est délicieuse. Il ne faut pourtant pas y chercher une réalité architectonique, ni une grande fidélité dans les contours; mais il y a malgré cela un si grand air de vérité dans tout ce qu'il dit à son sujet que, quand on la parcourt, on regarde chaque pierre, on étudie tous les angles, arcs-boutans et parapets, avec tout l'intérêt d'anciennes connaissances.

Je voudrais trouver un récit aussi attachant et aussi détaillé dans ses descriptions, composé à l'occasion d'une de nos belles et mystérieuses cathédrales gothiques. Ce genre de lecture procure un plaisir dans lequel l'imagination et la réalité se mêlent de la façon la plus heureuse, et je ne connais rien de plus agréable que de suivre un habile chroniqueur en haut et en bas, au dehors et au dedans, à travers le dédale des tristes, sombres, bizarres et saints passages d'un semblable édifice.

Winchester, par exemple, avec ses cryptes majestueux, sa solide force saxonne, ses ossemens royaux, renfermés dans des cercueils de formes si singulières, ses autels gothiques, sa splendeur monumentale et sa vaste et noble étendue, fournirait, ce me semble, d'amples matériaux pour un récit touchant et terrible.

Après avoir passé une heure à errer avec un intérêt toujours croissant à l'intérieur et autour de cette superbe église, nous traversâmes la place pour voir le célèbre hôpital de l'Hôtel-Dieu. Il est fort vaste, très propre, aéré et bien disposé sous tous les rapports. Je n'ai jamais vu de malades avoir l'air moins malheureux que tous ces hommes et ces femmes confortablement couchés dans de jolis petits lits bien bordés, chacun d'eux ayant à son chevet un ami ou un parent pour les consoler ou les amuser.

L'entrée des salles de cet édifice est aussi libre que celle d'un bazar public : une seule cérémonie a lieu avant qu'un étranger puisse y être admis, et dont j'eus quelque peine à comprendre le motif avant qu'on me l'eût expliqué. Au haut d'un beau perron qui conduit à l'édifice, on trouve trois portes : celle du milieu ne sert que pour sortir ; aux deux autres sont placés deux surveillans, dont l'un est un homme et l'autre une femme. Toutes les personnes qui entrent sont obligées de passer par une de ces deux portes, les hommes d'un côté, les femmes de l'autre, et elles y subissent un examen assez sévère, afin de s'assurer qu'elles ne portent aux malades rien à manger ou à boire qui puisse leur être nuisible.

Le pont couvert qui, partant des derrières de l'Hôtel-Dieu, réunit l'île de la Cité à la rive gauche de la Seine, et qui a un toit vitré d'une construction légère et gracieuse, offre une promenade délicieuse aux convalescens qui s'y trouvent à l'abri du vent, de la poussière et de toute interruption.

Nous passâmes cette soirée dans une maison où parmi d'autres personnes fort aimables nous vîmes un Américain, homme d'esprit et de très bonnes manières. J'eus avec lui une longue conversation dans le cours de laquelle il me dit plusieurs choses que j'écoutai avec plaisir et intérêt. Il a rempli plusieurs places distinguées dans la diplomatie; il y a acquis une instruction variée, et a en outre profondément réfléchi sur les institutions et le caractère de sa patrie.

Il m'a dit que Jefferson avait été l'ami de sa jeunesse, et a ajouté qu'il connaissait les sentimens et les opinions de cet homme d'état à fond et beaucoup mieux que ne pouvaient les connaître ceux qui ne le jugeaient que d'après ses écrits.

Il m'a assuré très positivement que Jefferson n'était pas démocrate par principes; mais qu'il croyait utile de promulguer cette doctrine comme la seule qui pût faire naître de l'union dans le peuple et animer ses efforts jusqu'au moment où il aurait pris assez de force pour être compté au nombre des nations. D'après mon autorité, les espérances que Jefferson nourrissaient pour l'Amérique était qu'après avoir acquis cette force, elle donnerait naissance à des hommes, distingués à la fois par le talent et la fortune, qui fonderaient une aristocratie éclairée et puissante, sans laquelle *il savait* qu'aucun peuple ne pouvait être réellement grand et fort.

Certain de pouvoir compter sur la parole de la personne qui m'a donné ces détails sur Jefferson, j'ai pensé qu'ils méritaient de trouver place dans ma correspondance.

LETTRE XIII.

Le Monomane.

Afin de me faire une juste idée des horreurs à la mode, je suis allée hier au soir à la Porte-Saint-Martin, voir *le Monomane,* drame en cinq actes, d'un monsieur Duveyrier. Je ne sais vraiment si je dois ou non vous donner l'analyse de ce monstrueux outrage au sens commun; si je me décide, ce sera parce que je me flatte que personne ne sera assez fou pour le traduire en anglais, ou pour l'importer en Angleterre sous quelque forme que ce soit, et qu'en conséquence, si je ne vous en parle pas, vous courez risque de mourir sans savoir jusqu'à quels prodigieux excès l'amour de l'absurde peut entraîner les hommes.

Il faut d'abord que je commence par vous

dire, et ce ne sera point la partie la moins extraordinaire du phénomène, que la salle était pleine jusqu'au comble, et que jamais chez nous Shakspeare n'a été écouté avec une attention aussi profonde. Il ne faut pas croire pourtant que l'approbation ou l'admiration ait été, soit la cause, soit l'effet de cette silencieuse contemplation; quant à moi du moins, je puis certifier qu'il n'y avait personne de plus attentif que moi, quoique je fusse certes bien loin d'approuver ce que j'entendais.

Si je ne rends pas mon récit d'une clarté parfaite, vous voudrez bien l'attribuer au peu d'habitude que j'ai de faire des analyses de ce genre; mais les traits et les caractères principaux ne m'échapperont pas.

Le héros de cette pièce est un homme fort instruit et fort aimable. Ce rôle est joué par M. Lockroi avec un talent qui mériterait un emploi plus digne de lui. Cet homme aimable remplit à Colmar la place de procureur du roi, et l'habitude qu'il a de suivre les procès criminels lui a inspiré une passion si violente pour faire verser le sang sur l'échafaud, qu'elle se change en véritable manie. Afin de faire connaître ce singulier trait de caractère, M. Balthazar développe ses sentimens secrets dans un discours qu'il adresse à un ami intime. Le discours contient quelques passages qui sont réellement fort bien faits. Il s'y étend avec enthousiasme sur l'immense importance qui s'attache selon lui à l'administration stricte et impartiale de la justice criminelle. Il est impossible de parler plus sagement et d'une manière plus digne d'un magistrat; mais ce qu'il est difficile de comprendre, c'est que des opinions si raisonnables et si justes puissent conduire à une passion effrénée pour le sang.

La scène suivante nous présente pourtant le procureur du roi se délectant avec une sorte de ravissement mystérieux à l'idée d'une exécution qui va avoir lieu, et accueillant avec une fureur sauvage les efforts que l'on fait pour prouver l'innocence de l'accusé. Quoi qu'il en soit, la malheureuse victime est exécutée, et quand tout est fini, son innocence est en effet reconnue.

L'aimable et excellent procureur du roi est

fort ému en l'apprenant; mais il suffit de quelques tours faits sur le théâtre à grands pas et avec des gestes de mélodrame, pour dissiper son repentir, et il continue à saisir avec joie toutes les occasions de faire condamner les coupables.

J'avoue qu'il ne m'a pas même été possible de deviner le but que l'auteur a pu avoir en s'efforçant de prouver qu'un homme est fou dès qu'il cherche à faire son devoir. On ne saurait se figurer un honnête magistrat débitant plus de vérités incontestables sur les pénibles devoirs que sa place lui impose, que ne le fait cet infortuné procureur du roi.

M. Victor Hugo dit, en parlant de lui-même, dans la préface d'une de ses pièces : « Il con-« tinuera donc fermement; et chaque fois qu'il « croira nécessaire de faire voir à tous, dans « ses moindres détails, une idée utile, une « idée sociale, une idée humaine, il posera le « théâtre dessus comme un verre grossissant. »

Il me semble que M. Duveyrier, l'ingénieux auteur du *Monomane*, travaille d'après le même principe; et que dans cette pièce il a posé un verre grossissant sur *une idée sociale.*

Mais pour en revenir à ce drame en ses cinq mortels actes ; après l'exécution, le véritable auteur de l'assassinat pour lequel l'infortunée victime de l'enthousiasme légal a péri innocemment, arrive sur la scène. Il est amené malade ou blessé dans la maison d'un médecin chez qui le procureur du roi et sa femme sont en visite. Balthazar voit coucher l'assassin dans une chambre qui communique avec celle de son ami le médecin. Il se couche ensuite avec sa femme et s'endort, à ce qu'il paraît, sur-le-champ ; car nous le voyons au bout d'un moment sortir tout endormi de sa chambre et suivre une galerie à l'extrémité de laquelle un escalier conduit sur le théâtre. Nous le voyons descendre cet escalier, prendre un instrument dans un étui appartenant au médecin, entrer dans l'appartement où l'assassin a été placé, revenir, remettre l'instrument dans l'étui, laver ses mains ensanglantées, les essuyer à une serviette, remonter ensuite l'escalier et rentrer dans la chambre de sa femme ; le tout dans le silence d'un profond sommeil.

L'attention que prêtèrent les spectateurs à cette longue scène muette fut telle que l'on eût dit qu'il y allait de la vie de chacun d'eux de ne point réveiller le sanguinaire dormeur; et les applaudissemens qui éclatèrent quand le terrible procureur du roi se trouva de nouveau en sûreté dans sa chambre, furent assourdissans.

Le lendemain matin on découvre que l'étranger malade a été assassiné, et sur-le-champ le procureur du roi, avec l'ardeur accoutumée qu'il met à la recherche des coupables, s'occupe à rassembler toutes les circonstances qui peuvent jeter quelque jour sur cette terrible affaire. Tout se réunit pour faire tomber les soupçons sur le pauvre médecin ; surtout l'instrument encore taché de sang qu'on trouve dans son étui, et la serviette à laquelle le meurtrier s'est essuyé. Il est en conséquence arrêté, poursuivi et condamné.

Cet infortuné médecin a un oncle qui suit la même profession que lui, et qui est en outre grand partisan du magnétisme animal. Celui-ci, soupçonnant que Balthazar lui-même est le coupable, imagine un moyen fort adroit pour le forcer à se trahir. Il prend la résolution de le magnétiser en plein tribunal, dans le moment même où il remplit les devoirs importans de sa place, espérant que, si l'on parvient à l'endormir, il fera connaître, *par hasard*, la vérité dans son sommeil magnétique.

Cette admirable idée est couronnée d'un plein succès. Le procureur du roi tombe en effet dans un profond sommeil aussitôt que le vieux docteur commence ses manœuvres magnétisantes, et dans cet état il ne se contente pas de décrire à haute voix tous les détails de l'assassinat, il les met encore par écrit et signe sa déclaration, toujours sans se réveiller.

Il me semble qu'on ne peut s'empêcher de remarquer à cette occasion combien cet aimable procureur du roi est malheureux quand il dort; la première fois que nous assistons à son repos, il tue un homme sans savoir ce qu'il fait, et la seconde fois il avoue son acte sans le savoir davantage.

Aussitôt que cet infortuné magistrat a achevé

l'affaire pour laquelle on l'avait endormi, on le réveille et on lui fait voir sa déclaration. Il ne fait aucune difficulté de reconnaître son écriture, qui est à ce qu'il paraît la même dans le sommeil que dans la veille; mais il exprime à la fois l'horreur et la surprise que fait naître en son âme la lecture de cette pièce, dont le contenu est aussi inattendu pour lui que pour le reste des assistans.

Il paraît que sa place de procureur du roi le met à l'abri de toutes poursuites; car le seul résultat de la découverte qui vient d'avoir lieu, est une vive recommandation que lui font ses amis, et en particulier les deux médecins, d'aller voyager pour calmer l'agitation de son esprit.

En attendant, nous avons appris, par un petit épisode, que, dans un de ses inquiétans sommeils, cet homme aimable, mais infortuné, a montré quelque désir d'assassiner sa femme et son enfant. D'après cela les médecins sont d'avis que le voyage qu'on lui a conseillé se fasse sans eux. Balthazar s'oppose fortement à une semblable proposition, et dit avec beaucoup de tendresse à sa charmante femme qu'il sera fort triste sans elle.

Quoique madame ait naturellement un peu peur de son mari, elle répond avec une douceur exemplaire que, puisqu'il en est ainsi, elle sera charmée de l'accompagner, et ajoute tendrement qu'elle mourrait volontiers pour lui prouver son attachement.

Rien ne pouvait être plus malheureux que l'expression dont elle se sert. Au seul mot de mourir, son accès lui reprend ; il manifeste sur-le-champ le plus grand désir de la tuer, et cette fois il se dispense même de la cérémonie préalable de s'endormir.

Animé de cette pensée chérie, roulant des yeux, pâlissant, ses cheveux se dressant, en un mot le terrible génie du mélodrame enflant toutes ses veines, Balthazar s'asseoit sur le sofa, à côté de son épouse tremblante, et prenant le peigne qui relève ses beaux cheveux (c'est mademoiselle Noblet qui joue ce rôle), il se dispose en apparence à l'étrangler avec cette noire et brillante corde qu'il tire dans toute sa longueur, et qu'il tourne et retourne si souvent dans sa main que le spectateur éprouve un irrésistible frisson.

Mais enfin, au moment où le terrible dénouement semble sur le point d'avoir lieu, elle se jette tendrement dans ses bras, et il change ou du moins paraît changer momentanément de propos; il la laisse aller.

Dans cette conjoncture critique, les deux docteurs surviennent. Balthazar regarde d'un air égaré, d'abord les médecins, puis sa femme, puis de nouveau les médecins, et finit par leur dire qu'il faut absolument qu'il s'éloigne pour un moment. Il traverse le groupe qui le contemple dans un morne silence; mais en approchant de la porte il prononce le mot poison, entre dans l'appartement voisin, ferme la porte après lui et y met le verrou.

A cette vue, sa femme pousse un cri, et les deux médecins courent chercher une barre de fer; on brise la porte, le procureur du roi paraît, bien éveillé, mais ayant avalé le poison dont il a parlé.

Cette scène termine l'étrange et terrible histoire; la toile tombe au moment où l'exalté procureur du roi expire dans les bras de sa femme et de ses amis.

Toutes les fois que nous voyons dans les pays étrangers quelque chose de remarquablement absurde, nous sommes portés à nous flatter que rien de semblable n'existe chez nous, et ce sentiment est si naturel, que je crains presque de comparer cet inconcevable amas de sottises avec la plus détestable pièce qui ait jamais paru sur le théâtre en Angleterre, de peur que quelque personne, plus au fait que moi de cette branche de la littérature, ne cite quelque énormité anglaise dont j'ignore l'existence et ne mette par là mon patriotisme en défaut.

Toutefois, je ne puis quitter ce sujet sans déclarer que jamais, à ma connaissance, plusieurs centaines d'Anglais réunis n'ont écouté patiemment de pareilles absurdités. Il n'y a dans cette pièce point d'atrocité vicieuse, point d'horrible perversité, pour autant du moins que j'ai bien saisi la philosophie abstraite qui y domine ; mais sa niaiserie surpasse celle d'un petit enfant. Les grimaces, le jeu muet, les passions nouvellement inventées, et la série d'évènemens impossibles dont ces cinq longs actes se composent, m'ont semblé présenter dans l'esprit de l'homme qui a écrit cette pièce une anomalie jusqu'ici sans exemple.

Est-ce donc là le résultat des progrès de l'esprit humain? Est-ce là le fruit de ces connaissances qui, à ce que l'on nous dit, se répandent si généralement dans le monde?... J'ai beau réfléchir sur ce mystère, je ne le comprendrai jamais; non, jamais je ne concevrai comment une réunion de spectateurs français, si vifs, si spirituels, si pénétrans, si prompts à saisir le côté ridicule de toutes choses, peuvent écouter pendant plusieurs représentations, de l'air le plus grave et avec toute l'apparence de la satisfaction, les incroyables absurdités dont fourmille *le Monomane*.

En un mot, le succès de ce drame est un mystère qui ne peut s'expliquer que d'une seule façon. Ne serait-il pas possible que les *jeunes gens*, voulant abuser de leur pouvoir, eussent résolu, dans un accès de gaieté, de mystifier leurs concitoyens en faisant réussir cette pièce ennuyeuse? Peut-être en ce moment même se félicitent-ils du succès de leur espiè-glerie et rient sans cesse en voyant les Parisiens obéissans aller chaque soir à la Porte-Saint-Martin admirer ce qu'il leur a plu d'appeler un beau drame.

Mais je ne veux plus chercher à deviner; car le sage a dit : « Découvrir le sens caché des paraboles est un travail pénible pour l'esprit. »

Certain critique, en parlant de la nouvelle école dramatique de France, dit qu'elle a fait trembler la terre sous les pieds de Racine et de Corneille. Si cela est en effet ainsi, tout ce que les vrais amateurs de la tragédie ont de mieux à faire est de rester tranquillement chez eux et d'attendre avec patience que la terre ait cessé de trembler. Je n'ai aucun doute que son agitation se calmera. La sottise n'a point en elle l'essence de l'immortalité, et quand la tempête qui a éparpillé sur nous toute cette écume sera passée, je suis bien certaine que Corneille et Racine retrouveront en France un terrain solide pour s'appuyer. Et de plus il n'est pas impossible que trouvant dans le temple des grands écrivains français la place qu'ils occupaient toujours vacante, ils ne soient invités à en reprendre possession; et alors ils pourront y demeurer pendant quelques siècles encore sans crainte que de plus grands hommes se présentent pour les en chasser.

LETTRE XIV.

Le jardin des Tuileries. — Le Légitimiste. — Le Doctrinaire. — Le Républicain. — Les Enfans. — Toilette des Femmes. — Celle des Hommes. — Cheveux noirs. — Libre entrée. — Anecdote.

Y a-t-il rien au monde que l'on puisse dire, avec sincérité, ressembler au jardin des Tuileries? je ne le pense pas. C'est un ensemble composé de tant de traits fortement marqués, et qui lui sont particuliers, que je ne conçois pas la possibilité de rien trouver qui puisse s'y comparer. A mon avis il n'y a pas sur la terre de lieu plus délicieux; et quoique le premier charme de la nouveauté soit depuis long-temps passé pour moi, je n'y entre jamais sans éprouver une sensation nouvelle de plaisir.

Le local lui-même, indépendamment de la foule remuante qui paraît l'habiter sans cesse, est fort à mon goût. J'aime tous les détails de ses embellissemens, et j'aime surtout l'aspect brillant et heureux qu'offre leur réunion. Je sais pourtant qu'il y a différens avis sur ce point. Bien des gens ne peuvent souffrir les lignes droites, les arbres peignés, les parterres compassés, les vilains toits; que dis-je? il y a des personnes qui se permettent d'insulter jusqu'aux vénérables orangers eux-mêmes, parce qu'ils croissent dans des caisses carrées, et ne balancent pas leurs rameaux au vent comme des saules.

Mais il n'y a pas un seul de ces reproches dont je veuille reconnaître la justice, et je trouverais tout aussi raisonnable de critiquer l'abbaye de Westminster parce qu'elle ne ressemble pas à un temple grec, que de reprocher aux Tuileries d'être dessinées à la manière des jardins français au lieu de l'être comme un parc d'Angleterre. Quant à moi, j'avoue que quand j'en aurais le pouvoir, je ne voudrais pas changer la moindre chose à cet agréable lieu. A quelque heure du jour et par quelque côté que j'y entre, il semble me recevoir toujours avec le sourire de la gaieté.

Nous laissons rarement passer un jour sans nous rafraîchir les idées en demeurant pendant quelque temps assis sous ses ombrages et auprès de ses fleurs. En venant du quartier de la ville que nous habitons, c'est la grille en face de la place Vendôme qui est l'entrée la plus proche, et il n'y a peut-être pas de point d'où la vivante beauté de la scène se fasse mieux voir que de dessous la voûte de verdure de la terrasse avec laquelle cette grille communique.

A droite on a le sombre massif d'arbres non taillés, qu'enrichissent en ce moment les fleurs du marronnier d'Inde, et qui s'élèvent avec autant de hardiesse que le jardinier le plus anglais au fond du cœur, le pourrait désirer. Traversant leur long et délicieux ombrage, l'œil pénètre jusqu'à la magnifique grille qui conduit à la place Louis XVI. A gauche est la vaste façade du château des Tuileries, dont on est tout disposé à oublier ce que les toits ont de disgracieux, quand on contemple la beauté du jardin qui s'étend à leur pied. Et puis, précisément à l'endroit où cesse l'ombre des grands arbres et commence le brillant éclat du soleil, quelle multitude de fleurs délicieuses s'épanouissent à ses rayons. Dans la saison où nous sommes, on ne voit partout que des lilas, et chaque souffle de vent nous embaume de leur doux parfum. Ma promenade est à peu près la même tous les jours. Elle me plaît tant, que je n'aime point à en changer. Je suis d'abord la terrasse ombragée par laquelle nous entrons, jusqu'au point où elle s'abaisse au niveau de la magnifique esplanade qui règne le long du château. Je tourne ensuite sur la droite, et je supporte l'éclat éblouissant du soleil jusqu'à ce que nous arrivions à la majestueuse allée qui conduit du guichet du centre à travers des fleurs, des statues, des orangers et des bosquets de marronniers, à perte de vue, n'offrant à l'œil pour point de repos que l'arc de triomphe de la barrière de l'Étoile.

Ce coup d'œil est si beau que je ne puis me lasser de le contempler. J'avoue que je suis du nombre des personnes qui aiment les jardins peignés. J'aime l'élégance étudiée, la grâce soigneusement choisie de chaque objet qui frappe les regards dans un lieu comme celui-ci. J'aime ces nobles plantes exotiques cultivées avec tant de soin; ces vieux orangers placés majestueusement en longues rangées; mais ce que j'aime par-dessus tout, ce sont ces groupes de marbre qui tantôt se dessinent sur l'azur du ciel et tantôt se cachent à moitié sous l'ombre épaisse des arbres. Tout semble respirer le bon goût, le luxe et la gaieté.

Après qu'on s'est avancé à pas lents depuis le palais jusqu'au point où la clarté du soleil cesse et où l'ombre commence, un nouveau genre d'intérêt et d'amusement vous attend. Des milliers de chaises éparses sous les arbres sont occupées par une variété interminable de jolis groupes.

Je voudrais bien savoir pendant combien long-temps il faudrait que je vinsse aux Tuileries pour commencer à me fatiguer d'étudier l'ensemble et chaque partie séparée de ce brillant tableau. Comme spectacle il est réellement d'une beauté sans pareille, et il possède en outre un intérêt extrême comme étude nationale. Ici l'on peut voir et examiner tour à tour tout Paris; et nulle part il n'est aussi facile de reconnaître les modèles des classes variées et fortement marquées qui se rencontrent dans le peuple.

Ce matin nous avons pris place sur une demi-douzaine de chaises, sous les arbres qui font face au joli groupe de Pœtus et Arrhia. C'était l'heure où les divers journaux sont le plus recherchés, et nous eûmes la satisfaction d'épier la lecture de trois individus, chacun desquels aurait pu servir de modèle à l'artiste qui aurait voulu donner une idée de leurs caractères distinctifs.

Il était évident que, pendant la demi-heure que nous restâmes à cette place, nous avions vu un royaliste, un doctrinaire et un républicain, se délectant à lire pour deux sous de politique, chacun dans le genre qui lui allait le plus au cœur.

Un vieillard raide et d'un air distingué arriva le premier; ayant demandé un journal au petit pavillon octogone, il alla s'asseoir à peu de distance de nous. Sans y regarder nous étions bien sûres que ce journal était ou *la France* ou *la Quotidienne*. Je ne vous dirai pas pourquoi nous nous sentîmes si convaincus que c'était un légitimiste que nous voyions; mais ce qui est certain, c'est qu'aucun de nous n'en douta un seul instant. Il avait une manière tranquille de se tenir à l'écart, manière où la fierté se joignait à la mélancolie; il avait aussi la physionomie aristocratique, le teint pâle et soucieux, et un costume que jamais homme du commun n'a porté, mais qu'aucun homme riche ne porterait aujourd'hui. C'est là tout ce que je puis dire de lui; mais il y avait dans l'ensemble de sa personne quelque chose de trop essentiellement royaliste pour pouvoir être méconnu, et pourtant trop délicat de ton pour pouvoir être peint à grands traits de pinceau. Je ne connais point cette personne; mais si jamais je découvrais que c'était un doctrinaire ou un républicain, je renoncerais pour toute ma vie à juger les hommes sur la physionomie.

Celui qui après cela s'approcha de nous était bien évidemment un républicain; mais cette fois la découverte ne fit pas un grand honneur à notre discernement; car ces sortes de personnes n'ont pas la prétention de nous laisser de doutes à leur égard; il n'y a pas dans tout leur extérieur un point qui ne découvre un symbole, une marque, un signe de ralliement, une idée de la démence dont ils sont possédés.

Lui aussi tenait un journal à la main, et sans oser risquer d'approcher de trop près d'un personnage si effrayant, nous ne craignîmes pas de nous dire les uns aux autres que la feuille qu'il lisait était certainement *le Réformateur*.

Comme nous venions de décider quel était ce personnage qui passait devant nous avec une démarche si majestueuse, nous vîmes arriver un bourgeois de bonne mine, vêtu de l'uniforme de la garde nationale. Il venait prendre sa ration journalière de politique, de l'air d'un homme qui était sûr d'avance qu'il serait content de ce qu'il allait apprendre; mais qui cependant l'était trop de lui-même pour prendre beaucoup de souci des affaires de l'État. Chaque ligne de la joyeuse face de cet homme et chaque mouvement de son corps arrondi indiquait le bonheur et le bien-être : il appartenait probablement à la race si nouvelle en France des marchands faisant rapidement fortune. Pouvions-nous douter que la feuille qu'il tenait fût le *Journal des Débats?* Pouvions-nous croire que cet homme fût autre chose qu'un heureux doctrinaire?

C'est ainsi que, sur le terrain neutre de ce délicieux jardin, les esprits les plus opposés se rencontrent impunément, et, quoiqu'ils ne se mêlent point, ils jouissent en commun du doux privilége d'un frais ombrage, d'un bon air, de la lecture d'un journal dans un beau jardin, au milieu d'une ville populeuse, divisée en plusieurs partis, et pourtant avec autant de certitude de ne pas être dérangés ou interrompus que si chacun d'eux errait seul dans une de ses propres terres.

Les personnes qui ne sont pas trop disposées à l'hypocondrie peuvent aussi trouver en ce jardin des sujets d'études variés, en examinant les mœurs des petits-maîtres et des petites-maîtresses en miniature qui, à certaines heures du jour, remplissent par essaims, comme autant d'oiseaux mouches, les allées des Tuileries. Ou bien ces petits personnages français savent merveilleusement se comporter, ou bien ils sont soumis à quelque stricte surveillance qui les empêche de crier; car il est certain que je n'ai jamais vu tant de petits êtres rassemblés sans se livrer à ce salutaire exercice des poumons dont le retentissement nous fait d'ordinaire tressaillir à l'apprche de « la douce enfance qui ne sait que pleurer, » comme dit le poète.

Les costumes de ces jolies créatures ne contribuent pas peu à mon amusement; il est souvent si bizarre que l'on dirait de petits masques.

Ainsi j'ai vu de jeunes garçons jouer au cerceau en uniforme complet de la garde nationale; d'autres en costumes écossais; et d'innombrables petites dames dont la mise n'avait absolument rien d'enfantin.

Mais le plaisir que l'on trouve à étudier les costumes au jardin des Tuileries ne se borne pas à ceux de la portion la plus jeune de la société. Dans aucun pays je n'ai vu rien qui approche de la manière grotesque dont s'habillent quelques-unes des figures que l'on rencontre à chaque instant dans ces allées. Mais ces étranges fantaisies sont exclusivement bornées à la population mâle : il est bien rare de voir une femme ridiculement mise, sous quelque rapport que ce soit, et quand cela arrive, on peut toujours parier cent contre un que ce n'est pas une Française.

Un air d'élégante simplicité est, selon moi, le caractère qui frappe le plus dans le costume que les dames françaises adoptent pour la promenade. Il me paraît qu'elles s'attachent beaucoup plus aux détails qui donnent le fini à la toilette d'une femme, qu'aux points plus importans de la pelisse et de la robe. Toutes les femmes que vous rencontrez sont *bien chaussées* et *bien gantées*. Si leurs rubans ne sont pas pareils à leurs robes, ils s'accordent du moins toujours avec elles; et quant à tous les objets délicats de lingerie qui sortent de la main de la blanchisseuse, il semblerait que Paris est le seul lieu de la terre où l'on sache repasser.

En revanche, les bizarres caprices de la toilette des hommes passent tout ce qu'il serait possible de dire. On croirait que l'air de Paris possède une qualité particulière qui noircit tous les favoris, moustaches ou impériales renfermés dans ses murs. A les voir de loin, tous les jeunes gens semblent s'être enveloppés la figure de rubans noirs, pour guérir une enflure des glandes; et quoique en général cette chevelure noire soit fort belle, l'effet en est aujourd'hui singulièrement diminué par son universalité. Quand tous les hommes ont la figure à moitié couverte de cheveux ou de poils noirs, cette couleur cesse d'être une distinction fort précieuse. Peut-être aussi les annonces, dont les journaux fourmillent, de compositions infaillibles pour donner aux cheveux toutes les couleurs, excepté celle que le bon Dieu leur avait départie, contribuent-elles à rendre suspect cet ornement, jadis si séduisant, des peuples du Midi. Je suis bien convaincue que, dans le moment actuel, un homme comme il faut, des régions septentrionales, avec une barbe rasée de près, vaut son prix dans un salon de Paris, quand ce ne serait que pour la rareté du fait.

On ne saurait nier que les glorieuses et immortelles journées n'aient un peu nui à l'apparence générale du jardin des Tuileries. On était auparavant beaucoup plus sévère sur le costume des personnes que l'on y admettait. Mais il paraît que la liberté et la malpropreté de la mise sont inséparables dans l'esprit de la populace souveraine..., que dis-je souveraine?... Non, la populace n'est encore que vice-reine à Paris; mais du moins elle a eu assez de pouvoir pour obtenir, comme une marque de respect et de faveur particulière, l'entrée de bien des lieux où elle n'était pas admise autrefois; ce qui donne à ces lieux l'apparence de l'arche de Noé, où entraient à la fois les animaux purs et les immondes.

On assure qu'avant cette réforme, la consigne qui ordonnait aux factionnaires de renvoyer toute personne mal mise, donna lieu un jour à une malice spirituelle de la part d'un de ces factionnaires. Un jeune homme du suprême bon ton s'étant présenté à une des grilles du jardin, la sentinelle, croisant la baïonnette, lui dit : — On n'entre pas.

— On n'entre pas! s'écria le petit-maître en regardant le merveilleux résultat de sa laborieuse toilette; et pourquoi n'entrerais-je pas?.. Que voulez-vous dire?

— Mes ordres sont précis, répondit la sentinelle.

— Précis!... de me refuser, moi?

— Précis, de refuser qui que ce soit que je trouverais mal mis. »

LETTRE XV.

Police des rues. — Cardage de matelas. — Étamage de casseroles. — Construction de maisons. — Préparatifs pour les boueurs. — Manque d'égouts. — Mauvais pavé. — Obscurité.

Ma dernière lettre traitait d'un sujet qui m'inspirait tant de motifs d'admiration, qu'aujourd'hui, quand ce ne serait que pour varier un peu, je laisserai prévaloir la veine de la critique. Telle étant donc mon humeur, ou si vous voulez, ma mauvaise humeur, je vais l'exhaler en vous apprenant ce que je pense de la police des rues de Paris.

Je ne dirai point qu'elle est mauvaise, car je ne doute pas que bien des personnes n'aient fait cette observation avant moi; mais je vous dirai que je la regarde comme quelque chose d'étonnant, de merveilleux, de mystérieux, d'incompréhensible.

Dans une ville où tout ce qui doit frapper les regards se change en objets d'ornement; où les boutiques et les cafés ressemblent à des palais enchantés; où les marchés sont arrosés par des fontaines dans lesquelles les naïades les plus susceptibles prendraient plaisir à se baigner; dans une ville, dis-je, où les femmes paraissent trop délicates et trop gracieuses pour être des créatures tout-à-fait terrestres, et les hommes trop soigneux et trop galans pour permettre qu'un souffle d'air impur approche d'elles; dans cette même ville vous ne pouvez faire un pas sans que votre vue et votre odorat soient choqués et dégoûtés de toutes les façons imaginables. Chaque jour ma surprise à cet égard augmente; car j'acquiers chaque jour une conviction plus intime qu'une grande partie du bonheur de la vie est détruite à Paris par l'impardonnable négligence de l'administration municipale, qui n'aurait cependant pas beaucoup à faire pour épargner au peuple le plus élégant du monde, le dégoût que doivent lui faire éprouver les outrages à la plus simple décence, qui se commettent perpétuellement dans les rues.

C'est là un sujet sur lequel il est impossible de s'étendre davantage; mais il y a d'autres points à l'égard desquels la négligence dans la police des rues se montre d'une façon aussi claire, quoique moins pénible. Ceux-ci peuvent se décrire sans inconvenance, et quand on les combine avec la passion pour tout ce qui est gracieux en fait d'ornemens, caractère distinctif du peuple français, ils présentent à votre observation des contrastes si frappans, qu'on est singulièrement embarrassé dès qu'on cherche à les expliquer.

Dans cette saison de l'année, on ne peut traverser aucune rue de Paris, quelque distingué que soit le quartier où elle est située ou la société qui la fréquente, sans être à chaque instant obligé de se détourner de son chemin pour ne pas heurter plusieurs femmes couvertes de poussière, et probablement aussi d'insectes dégoûtans. L'occupation de ces femmes consiste à défaire les matelas au milieu de la rue, à carder, retourner et secouer la laine sur tous les passans, qui font en vain un long et sale détour pour ne pas avaler la poussière qui en sort.

Il n'y a pas plus d'une demi-heure qu'en venant du boulevart des Italiens, j'ai passé devant la salle de l'Opéra, où j'ai vu une vieille femme occupée de cette dégoûtante opération. Elle y passera sans doute la journée entière, et enlèvera son lit tout juste à temps pour permettre au duc d'Orléans de descendre de voiture et d'entrer à l'Opéra sans la heurter, mais certainement pas assez tôt pour l'empêcher de recevoir sur ses habits une portion des superfluités animées et inanimées que, pendant tout ce temps, elle a répandues dans l'air.

J'ai vu, il y a quelques jours, un homme fort bien mis recevoir une grave contusion à la tête et souffrir un dérangement notable à son costume, pour s'être embarrassé le pied dans l'attirail d'un chaudronnier ambulant, qui avait étalé, sur le trottoir de la rue de Provence, son fourneau, son soufflet, son pot et tous les autres objets nécessaires à l'exercice de son métier.

Quand cet accident arriva, plusieurs personnes passaient, qui toutes parurent sympathiser sincèrement avec le malheur de la personne qui était tombée, mais dont aucune ne songea à faire le moindre reproche au chaudronnier de ce qu'il avait induement envahi la voie publique, et cet industriel ambulant, lui-même, ne jugea pas nécessaire de faire la plus légère excuse, ou de déranger le moins du monde la disposition de sa boutique en plein vent.

Toutes les fois qu'à Londres on construit ou répare une maison, la première chose que l'on fait est d'entourer le terrain d'une haute enceinte de planches, afin d'empêcher que les travaux qui s'y font ne gênent le public dans la rue. La seconde opération est de disposer le long de l'extérieur de cette enceinte un trottoir provisoire, soigneusement protégé par des bornes et des palissades, afin que l'obstruction indispensable du trottoir ordinaire produise le moins d'inconvéniens possibles.

A Paris, au contraire, quand vous passez devant une maison en construction ou en réparation, vous croyez arriver inopinément sur le théâtre de quelque affreux accident, tel qu'un incendie ou l'écroulement d'un édifice, et vous ne doutez pas qu'au bout de quelques heures tous les gravois ne soient enlevés, et que la voie publique ne soit déblayée ; au lieu de cela tout reste dans le même état pendant des mois entiers, au grand tourment du passant, sans que l'autorité municipale y fasse la moindre attention ou songe à y remédier.

Si une charrette charge ou décharge dans la rue, on lui laisse prendre et garder la position la plus incommode, sans s'inquiéter le moins du monde du danger ou du retard qu'elle peut et doit occasioner aux voitures et aux piétons qui sont obligés d'en faire le tour.

Des abominations de toutes sortes se commettent sans aucun scrupule dans la rue, à toutes les heures du jour ou de la nuit, et attendent le boueur qui vient le matin les enlever. Trop heureux l'humble piéton quand ses yeux ou son nez n'en souffrent point, heureux s'il ne vient point en contact avec elles, au moment où elles sortent sans cérémonie des portes ou des fenêtres. « Quel bonheur ! » est l'exclamation habituelle quand on y échappe, tandis qu'un regard, plus triste encore que courroucé, jeté sur ses habits, est la seule réponse de l'infortuné qui vient d'être arrosé des pieds jusqu'à la tête.

Quant au monstrueux barbarisme d'un ruisseau au milieu de la rue, expressément formé pour la réception des ordures, et qui gâte encore la plus grande partie de cette superbe ville, tout ce que j'en pense, c'est que la patience avec laquelle les habitans des deux sexes le supportent au milieu du dix-neuvième siècle, est pour moi un mystère inexplicable.

Je crois réellement que les seules choses au monde que les autres hommes font et que les Français n'ont jamais pu faire, sont des égouts et des puisards. La semaine dernière, après une heure ou deux d'une très forte pluie, la partie de la place Louis XVI qui est près des Champs-Elysées demeura couverte d'eau; la direction de la petite voirie, après avoir attendu un jour ou deux, pour voir ce qui arriverait, s'étant aperçue que la boueuse mare ne disparaissait point, fit appeler vingt-six hommes vigoureux qui se mirent à creuser une rigole, comme celles que les petits garçons s'amusent à faire près d'un vivier. Grâce à cette manœuvre si heureusement imaginée, l'eau stagnante fut enfin conduite à l'égout le plus voisin; après quoi les travailleurs se retirèrent leurs bêches sur l'épaule, et le canal boueux, mais sec, resta pour orner cette place magnifique, qui avec un peu de soin pourrait devenir une des plus belles du monde.

Je ne sais si je ne serai pas trop exigeante, en me plaignant de ce que les rues de Paris n'ont pas encore adopté notre dernier perfectionnement. Je ne puis cependant m'empêcher de penser, après avoir passé quelques semaines ici, que le pavé à la Mac-Adam, des rues de Londres, est la plus admirable de toutes les inventions. Le bruit excessif qui règne à Paris, et qui provient, soit de l'inégalité du pavé, soit de la construction défectueuse des roues et des ressorts des voitures, est si violent et si continuel, qu'il est impossible de ne pas se persuader qu'il doit être l'effet de quelque cause toujours existante. C'est un tourment qui exige une grande habitude pour pouvoir le supporter sans souffrir.

Mais il y a un autre inconvénient, auquel il serait bien plus facile de remédier, et dont on peut sans injustice accuser la police des rues : c'est la profonde obscurité qui règne dans toutes les parties de la ville où il n'y a point de boutiques éclairées par le gaz.

Cet éclairage est si brillant dans les cafés et restaurans qui garnissent les boulevarts, que l'on oublie l'existence même de cet antique réverbère suspendu à de longs intervalles au-dessus du pavé. Mais à peine a-t-on quitté cette région de lumière et de gaieté, qu'on est plongé dans d'horribles ténèbres, et il n'y a pas de petite ville de province, en Angleterre, qui ne soit incomparablement mieux éclairée que toutes celles d'entre les rues de Paris dont les habitans dépendent, pour y voir, des règlemens de l'administration publique.

Comme évidemment des tuyaux de gaz existent partout, à l'usage des personnes qui s'en servent dans leurs maisons, j'ai eu de la peine à comprendre pourquoi l'on continuait à préférer ces tristes réverbères avec leur sombre huile, à la belle lumière du gaz, qui rivalise avec celle du soleil; mais on m'a dit que la cause en est un contrat passé avec les entrepreneurs de l'éclairage, et dont le terme n'est pas encore expiré. Mais si l'agrément du public était consulté en France avec le même soin qu'il l'est en Angleterre, les prétentions de tous les allumeurs de reverbère du monde ne pourraient empêcher l'administration d'éclairer convenablement les citoyens, quoi qu'il en dût coûter pour désintéresser les entrepreneurs dépossédés.

Je pourrais citer d'autres exemples encore des inconvéniens qui défigurent cette ville de plaisir; mais je ne veux pas m'appesantir trop long-temps sur ce sujet, et je me bornerai à dire qu'une police des rues à l'instar de celle de Londres serait incontestablement un des plus grands bienfaits que le roi Louis-Philippe pût accorder à sa belle ville de Paris.

LETTRE XVI.

Préparatifs pour la fête du roi.— Arrivée des troupes. — Les Champs-Élysées.— Concert dans le jardin des Tuileries. — Silence du peuple. — Feu d'artifice.

Depuis plusieurs jours nous observions les préparatifs pour la fête du roi. Quoiqu'ils n'égalent pas tout-à-fait ce que l'on voyait du temps de l'empereur, quand le vin coulait de toutes les fontaines de Paris, ces préparatifs étaient grands et magnifiques, et, pour être plus modestes, n'en étaient pas moins dignes d'un souverain. Ils consistaient principalement en théâtres, salles de bal et orchestres construits dans les Champs-Élysées; en feux d'artifice magnifiques sur le pont Louis XVI, en un grand concert devant le château des Tuileries, et en illuminations disposées dans les promenades publiques, et surtout dans le jardin des Tuileries. Mais ce qui me frappa le plus, ce fut l'augmentation considérable dans le nombre des troupes. Les gardes nationaux et les soldats de la ligne se partageaient les rues. Cependant une grande revue devant faire partie des spectacles de cette journée, il n'y aurait rien eu de remarquable en ceci, si la division du pays en divers partis ne faisait pas supposer que le roi Louis-Philippe croit nécessaire de se tenir toujours sur la défensive. Je n'ai pas besoin de vous dire que, dans cette occasion, on fait encore courir une foule de bruits à ce sujet; et il y a des gens qui assurent que des revues de grands corps de troupes deviendront un des divertissemens, sinon les plus agréables, du moins les plus fréquens que l'on accordera au bon peuple de Paris.

Du reste, si, pour maintenir la tranquillité dans ce pays si agité, il est nécessaire de faire un grand étalage de force, on ne saurait blâmer le gouvernement d'y avoir recours; si au contraire il peut s'en passer, il commet une imprudence, car l'effet qui en résulte ressemble à celui d'une « pesante armure endossée dans la chaleur du jour, qui étouffe en soulageant. »

Hier, 1ᵉʳ de mai, jour marqué dans le calendrier comme la fête de saint Jacques et saint Philippe, a donc été célébré comme le jour patronymique du roi actuel des Français. Le temps était magnifique, la gaieté régnait de toutes parts, mais surtout dans les environs des Tuileries et des Champs-Elysées.

Un philosophe, accoutumé à examiner ces réunies populaires, m'ayant assuré que je pourrais mieux juger des dispositions du peuple aux Champs-Élysées que partout ailleurs, j'allais demander une voiture pour nous y conduire, mais mon ami m'arrêta en disant :

« Vous pouvez tout aussi bien rester chez vous. Si vous allez en voiture, vous ne verrez qu'une grande foule de peuple, mais si vous traversez cette foule à pied, vous pourrez peut-être découvrir si elle pense à quelque chose ou à rien. »

« Par *quelque chose*, entendez-vous une révolution? demandai-je. Dites-moi sincèrement si vous croyez qu'il y ait lieu de craindre une émeute ? »

Au lieu de me répondre, il se retourna vers une personne de notre société qui revenait de la revue du roi.

« N'avez-vous pas dit que vous veniez de la revue ? » demanda-t-il.

— « Oui, j'en arrive. »

— « Et que pensez-vous des troupes ? »

— « Ce sont de belles troupes, de fort beaux hommes, tant la garde nationale que la ligne. »

— « Et vous pensez, n'est-ce pas, qu'ils sont assez nombreux pour tenir Paris en respect en cas qu'il voulût s'émanciper ? »

— « Certainement, je le pense. »

Il fut en conséquence décidé que nous nous rendrions aux Champs-Élysées; seulement, dans l'incertitude de ce qui pourrait arriver, je crus devoir laisser mes filles à la maison.

Ceux qui n'ont pas vu célébrer une fête publique à Paris ne peuvent se faire une idée du spectacle que présente cette vaste promenade. Le seul souvenir me donne des vertiges.

Figurez-vous cent escarpolettes lançant en air leurs joyeuses cargaisons; cent vaisseaux ailés tournant éternellement, et dont les équipages se composent d'un couple d'amans endimanchés; cent chevaux de bois pivotant autour d'un mât et se poursuivant sans cesse sans s'atteindre jamais; cent charlatans débitant leur inconcevable jargon, et dont les uns sont habillés en généraux français et les autres en Turcs : ceux-ci offrent leur panacée en robes d'Arméniens; ceux-là font précéder d'une culbute l'éloge de leur poudre. Nous nous arrêtâmes plus d'une fois pour examiner la manière dont ils s'y prenaient pour fasciner leur proie. La pauvre victime, à force de caresses et de belles paroles, finissait par être persuadée que le spécifique qu'on lui vendait devait infailliblement la préserver à l'avenir de tous les maux qui assiégent la pauvre humanité.

Nous avancions entre de longues rangées de boutiques où étaient étalées toutes sortes de marchandises brillantes, telles que bagues, épingles, broches, boucles de ceinture, offrant à l'œil la plus grande tentation, et dont le modique prix ne passait pas cinq sous. Ce n'est pas sans intérêt que je contemplais les avides coups-d'œil et les minauderies des jeunes filles, ainsi que les tendres regards de leurs amoureux lorsqu'ils passaient devant ces magasins de colifichets. Hélas ! ce n'était peut-être que l'avant-coureur des regrets.

Dans le plus vaste des espaces ouverts que présentent ces Champs-Élysées, on avait érigé deux théâtres, et l'intervalle qui les séparait pouvait, à ce qu'on assure, contenir vingt mille spectateurs. Pendant que sur l'un de ces théâtres on représentait une pantomime, l'autre faisait relâche et se reposait. Mais à l'instant même où la toile tombait au premier, celle du second se levait, et l'océan de têtes qui remplissait l'espace entre les deux, se retournait. On eût dit les flots de la mer obéissant dans leur flux et leur reflux au mouvement que la lune leur imprime.

Quatre grandes enceintes préparées pour des bals champêtres, et munies chacune d'un très bon orchestre, occupaient les quatre coins de cet espace ; et nonobstant la foule, la chaleur, le soleil et le bruit, la danse, à ce que l'on m'a assuré, n'a pas cessé un seul instant pendant cette longue journée d'été. Quand une bande de ménétriers était fatiguée, une autre lui succédait. L'activité, la gaieté et la bonne humeur qui régnaient dans cette foule n'éprouvèrent pas un seul moment de trouble ou d'affaiblissement.

Le peuple de Paris mérite réellement qu'on lui donne des fêtes; il en jouit de si bon cœur et d'une façon si paisible !

Tels furent les traits les plus frappans de ces réjouissances; mais nous ne pouvions faire un pas à travers cette foule, sans observer quelque trait plus ou moins remarquable de sa joie nationale et caractéristique. Je reconnus avec la plus grande satisfaction, dans tout le cours de ma promenade, que, pour me servir de l'expression de mon ami, « personne ne pensait à rien. »

Mais ce qui me fit incomparablement plus de plaisir que tout le reste, ce fut la tempérance et la sobriété qui régna dans le peuple. Les hommes, jeunes et vieux, les matrones âgées et les fringantes demoiselles, tous étanchaient leur soif avec de la limonade à la glace, qui leur était fournie en quantités incroyables, par d'innombrables porteurs de réservoirs ambulans, au prix d'un sou le verre. Il est bien heureux pour cette population au cœur léger, et qui aime tant les fêtes, de n'avoir point comme la nôtre des *palais de genièvre* (1).

Mais la faim avait besoin d'être satisfaite aussi bien que la soif; et c'est en cela que le goût *friand* du peuple se déploie par un grand nombre de fourneaux placés par intervalles sous les arbres, à chacun desquels présidait une vieille femme tenant une poêle à frire, et qui vantait à haute voix ses saucisses et son foie, largement assaisonné d'ognons. Ce fut là la seule partie de la fête que je trouvai réellement désagréable. A l'exception de l'odeur qu'exhalaient ces cuisines en plein vent, tout le reste me plut infiniment. C'était la première

---

(1) C'est le nom que l'on donne depuis quelques années à certains cabarets de Londres, qui sont décorés avec autant de magnificence que les cafés de Paris.

fois que je voyais la vraie populace assemblée en goguette, et je n'aurais pas cru que ce spectacle pût m'amuser autant. Je ne pus même m'empêcher de m'arrêter un moment devant une de ces terribles cuisines, pour admirer la politesse avec laquelle une vieille femme, qui avait la première pris possession de l'ombre d'un arbre pour y placer son restaurant, défendait sa position contre la brouette d'un marchand de pains d'épices qui s'en approchait.

« *Pardon, monsieur, ne venez pas, je vous prie, déranger mon établissement.* »

Ces deux grotesques figures, avec leurs costumes respectifs, rendaient délicieuse la dignité qui régnait dans ce discours. La réponse en fut un salut suivi de la respectueuse retraite de la brouette. Je ne pus m'empêcher de lui donner la préférence sur le langage plus énergique qui aurait été tenu à la foire de Saint-Barthélemy.

A tout prendre, cette promenade nous divertit beaucoup. Mais je ne crois pas avoir été de ma vie aussi fatiguée. Toutefois, je trouvai moyen de me reposer suffisamment pour aller le soir aux Tuileries, où l'on nous assura que deux cent mille personnes étaient rassemblées.

La foule était en effet très considérable, et nous ne tardâmes pas à découvrir qu'il serait impossible de demeurer réunis; mais au bout d'environ trois heures, nous eûmes la satisfaction de nous retrouver sains et saufs ensemble au point d'où nous étions partis.

Le divertissement qui, dans le commencement de la soirée, attira principalement l'attention de la foule, fut l'orchestre en face du château. Une musique militaire très nombreuse y était placée et jouait divers morceaux pendant que l'on allumait les innombrables lampions qui devaient éclairer les jardins.

Pendant ce temps le roi, la reine et la famille royale, parurent sur le balcon; et à cette occasion la seule tache qui m'ait frappée à cette agréable fête, se fit voir d'une manière assez marquée pour produire un effet très désagréable. Le motif de toutes ces réjouissances parut être complètement oublié. La royale société ne fut accueillie par aucune acclamation. Qu'un peuple si gai et si démonstratif, assemblé en si grand nombre et dans une pareille occasion, ait pu rester la tête levée et les yeux fixés sur son souverain, sans qu'une seule voix ait fait entendre un mot d'aucun genre, c'est là pour moi une énigme inexplicable.

La scène qui nous entourait était d'ailleurs d'une gaieté ravissante. Devant nous s'élevaient les pavillons illuminés des Tuileries. Les brillans lampions, jetant leurs rayons à travers les lauriers-roses et les myrtes du balcon, éclairaient avantageusement la famille royale qui y avait pris place. De tous côtés on voyait des arbres, des statues, des fleurs rendus visibles par les innombrables lampions qui s'élevaient en pyramides au milieu d'eux. Pendant ce temps les sons inspirateurs d'une musique guerrière retentissaient autour de nous. Les jets d'eau, saisissant au passage cette lumière artificielle, jaillissaient dans les airs comme des flèches enflammées, et, retombant en légères ondées d'écume, répandaient une délicieuse fraîcheur sur l'assemblée. Enfin derrière ces mêmes jets d'eau, et aussi loin que la vue pouvait s'étendre, s'alongeait la forêt suburbaine, étincelante de lampions en festons, jusqu'à la barrière de l'Étoile. Ce spectacle était charmant, et il n'y aurait rien manqué si, au lieu du morne silence avec lequel il était contemplé, de vives et cordiales acclamations eussent accueilli la fête d'un roi depuis long-temps cher à ses sujets.

Le feu d'artifice fut magnifique aussi ; on le tira du pont Louis XVI. Il aurait été impossible de choisir un point plus favorable. On le voyait parfaitement de la terrasse des Tuileries ; et de toute la longueur des quais des deux côtés de la rivière, jusqu'à la Cité, on pouvait distinguer les feux de mille couleurs qui y brillaient.

Une des plus jolies inventions que l'on ait faites ici pour faire pousser des cris de joie quand on tire un feu d'artifice, est de lancer successivement et avec rapidité des fusées rouges, blanches et bleues, qu'un jeune républicain comparait à des messagers ailés portant au ciel leur drapeau chéri. Je ne pus m'empêcher de remarquer que si ces messagers répétaient fidèlement tout ce que le drapeau tricolore a fait, ils auraient d'étranges choses à dire.

Le bouquet qui termina le feu fut original et fort beau; mais ce qui me frappa le plus, ce fut la chambre des députés, dont l'architecture fut marquée par des lignes de feu, tandis que les marches du magnifique perron par lequel on y monte, offrant chacune en quelque sorte une barrière enflammée, je crus y voir un type mystique des épreuves par lesquelles il faut passer, dans une élection populaire, avant de pénétrer dans ce temple de la Sagesse.

Avec quel délice je m'abreuvai de mon thé, au retour de cette nuit si chaude et au sortir de cette atmosphère de lampions fumans; quelle fut ma joie quand, à une heure du matin, je me mis dans mon lit en me disant que, grâce au ciel, la fête du roi s'était passée d'une façon paisible.

LETTRE XVII.

Conversation avec un Républicain. — Suite des préparatifs pour le Procès-Monstre. — La *Garde municipale*. — La Garde nationale.

———

Dans les jours malheureux où nous vivons, nous sommes si accoutumés à entendre parler d'émeutes faites ou à faire, ici, là, partout, que les nerfs finissent par s'endurcir, et si l'on n'y devient pas tout-à-fait indifférent, du moins la menace n'a plus le même effet sur notre esprit. Mais dans la ville de Paris, l'affaire de créer des émeutes d'un côté et de les apaiser de l'autre, se fait d'une manière si aisée et si familière, que tous les matins nous nous attendons qu'avec notre déjeuner on nous apportera quelque nouvelle de ce genre, et l'intérêt que je mets à examiner ce qui se passe autour de moi me fait en grande partie oublier ma crainte des suites désagréables qui en peuvent résulter.

En vivant au milieu de ces divers partis, et en écoutant tantôt l'un, tantôt l'autre, un étranger éprouve à peu près la même sensation qu'un spectateur qui tournerait autour d'une table de whist, regarderait les cartes de chacun des joueurs, et examinerait la manière dont ils dirigent leurs jeux respectifs.

Je n'ai pas besoin de vous rappeler combien souvent il est arrivé, qu'au moment où la partie paraissait finie et où le gagnant semblait n'avoir qu'à ramasser l'argent, les cartes ont de nouveau été mêlées, et la partie a recommencé sur de nouveaux frais ; aussi les gens ont-ils toujours l'air ici d'être à l'affût de nouvelles chances, de nouveaux paris, de nouvelles pertes et d'un renouvellement de confusion. Je puis vous assurer que le jeu qui se joue en ce moment à Paris est fort animé et donne lieu à beaucoup de mouvement. Les procès politiques doivent commencer mardi prochain, et les républicains sont absolument dans le même état qu'un essaim de guêpes qui se voit attaqué dans sa forteresse. Ils ont été non-seulement sur le qui vive, mais encore en apparence fort joyeux de la perspective qui s'offrait à eux. La même personne qui, peu de temps après notre arrivée, nous avait donné les nouvelles alarmantes dont je vous ai parlé, est revenue me voir la semaine passée. Jamais je n'ai vu d'homme changé à ce point en si peu de temps. La première fois que je le vis il était sombre, triste, malheureux à l'excès; mais dans sa dernière visite il se montra gai, enjoué et content. Il n'était pourtant pas dans une disposition à beaucoup causer sur la politique, et je suis convaincue qu'il avait pris, avant de venir, la résolution de ne pas satisfaire la curiosité que nous pourrions témoigner à ce sujet. En attendant, quand le cœur est plein, il s'épanche involontairement, et il ne nous quitta point sans nous laisser entrevoir ce qui se passait dans le sien.

Remarquez bien que je ne trahis point sa confiance en répétant ce que ce jeune homme dit en ma présence; car dès la première fois qu'il me vit, il m'assura qu'il savait fort bien que j'étais une *absolutiste enragée*; mais que, loin de craindre de parler devant moi, rien ne pouvait lui être plus agréable que la pensée que je publierais chaque mot qu'il prononçait sur la politique.

Je lui répondis que, si en effet je le publiais, ce serait sans le nommer, attendu que je serais au désespoir d'apprendre que mon témoignage l'eût conduit à la guillotine; de sorte que nous nous entendions parfaitement bien.

Le jour en question, il commença donc à parler gaiement et avec galanterie des plaisirs de Paris, et il exprima l'espérance que nous profiterions pour en jouir de l'intervalle de tranquillité qu'offrait la capitale.

« Pensez-vous, dit l'un de nous, que cet intervalle de tranquillité soit suivi d'une tempête? »

— « *Mais... que sais-je?... Il fait beau temps à présent, à ce que vous voyez... Et l'Opéra? Mon Dieu! c'est superbe!... L'avez-vous vu?* »

— « Vu, quoi? »

— « *Mais la Juive!... A présent il n'y a que cela au monde... Vous lisez les journaux?* »

— « Oui... Du moins le *Galignani.* »

— « *Ah... c'est assez pour vous autres.* »

— « Y a-t-il aujourd'hui quelque nouvelle intéressante dans les journaux? »

— « *Intéressante? Mais, oui... assez... cependant...* »

Et puis il recommença à parler de comédies, de bals, de concerts et de je ne sais quoi encore.

« Je voudrais bien savoir, lui dis-je en l'interrompant, si vous pensez, en cas qu'il survienne un mouvement populaire, que les Anglais soient molestés. »

— « *Non, madame, je ne le crois pas... surtout les femmes... Cependant, si j'étais de vous, madame Trollope, je prendrais pour le moment le nom d'O'Connell.* »

— « Vous pensez donc que ce nom me tiendrait lieu de passeport dans toutes les scènes de trahison ou de révolte auxquelles je pourrais assister? »

Il répondit en riant que ce n'était pas là précisément ce qu'il voulait dire, mais seulement que le nom d'O'Connell était aussi respecté en France qu'à Rome, et serait peut-être un jour celui du pape, si son désir d'établir une république en Irlande ne lui permettait pas d'accepter le titre de roi.

« Une république en Irlande ?... peut-être est-ce là précisément ce qu'il faudrait, » dis-je.

Mais ne voulant pas entamer une discussion sur les nuances du langage, je ne répondis point aux complimens qu'il commençait à me faire sur la libéralité de mes sentimens, et je lui demandai s'il croyait que les amis des accusés eussent l'intention d'entraver le cours de la justice.

Sans se douter du sens équivoque que j'avais donné à la réponse que je lui avais faite sur la république irlandaise, il me répondit à son tour d'une manière très équivoque en s'écriant avec énergie :

« Non !... jamais !... Ils ne feront jamais rien pour entraver le cours de la justice. »

— « Mais feront-ils ce qu'il faudra pour y aider ? » repris-je.

A ces mots, il sauta de sa chaise, bondit par la chambre, et pour cacher sa joie, il feignit de regarder par la fenêtre ; puis se retournant de nouveau vers moi, il prononça du ton le plus solennel :

« Ils feront leur devoir. »

La conversation se prolongea pendant quelque temps encore, et roula tantôt sur la politique, tantôt sur les plaisirs, et quoique nous ne pussions obtenir de lui aucun renseignement précis, il était évident qu'il se passait quelque chose parmi les têtes chaudes de son parti, qui lui donnait l'espérance de résultats importans.

L'énigme me fut expliqué peu d'heures après son départ. Les accusés politiques, dont la plupart étaient logés dans la prison de Sainte-Pélagie, furent transférés au Luxembourg, et les républicains se flattaient qu'il se trouverait assez de mécontens à Paris pour faire à cette occasion une fort jolie petite émeute. Mais jamais espoir ne fut plus complètement déçu. Ce transfert ne paraît pas avoir fait la moindre sensation dans le public, et l'on m'assure que le parti républicain en est si cruellement désappointé, que les plus exaltés de ce parti ont cessé de croire, pour le moment, au triomphe de leur cause. Je pense, d'après cela, que nous serons quelque temps sans recevoir de visites de notre ami l'amateur d'émeutes.

En attendant, les préparatifs continuent à se faire au Luxembourg avec le plus grand ordre et de la façon la plus judicieuse. La salle d'audience et tout ce qui y a rapport est achevé. Des tentes ont été dressées dans le jardin pour recevoir les soldats, et des sentinelles placées de tous les côtés, donnent aux habitans paisibles l'espoir le mieux fondé que la tranquillité ne sera point troublée.

Nous avons assisté à une revue de fort belles troupes sur la place du Carrousel. Elle se composait de garde nationale, de troupes de ligne et de ce corps superbe qu'on appelle la garde municipale. Ce dernier corps remplit, à ce qu'il paraît, depuis la révolution de 1830, les fonctions assignées auparavant à la gendarmerie; mais ce dernier nom étant tombé en discrédit dans la capitale, celui de garde municipale lui fut donné en place, et ce n'est plus maintenant que dans les provinces que l'on trouve des gendarmes. Quoi qu'il en soit, de quelque nom qu'on les appelle, il est certain que je n'ai jamais vu de plus beau corps : hommes et chevaux, uniforme et discipline, tout m'a paru parfait. Il est amusant d'observer quel léger fil suffit souvent pour tenir enchaînés les esprits les plus récalcitrans, et de songer à la toute-puissance d'un nom! J'ai en effet entendu des révolutionnaires se vanter de l'air du plus grand triomphe que, grâce à leur valeur, l'odieux système de la police était complétement changé; qu'il n'existait plus à Paris ni gendarmes ni mouchards; que les citoyens ne seraient plus jamais tourmentés par leur odieuse surveillance; en un mot, que les Français étaient pour toujours délivrés de l'esclavage. D'après cela ils n'ont plus que la garde municipale pour veiller à leur sûreté, et si jamais hommes furent capables de bien remplir cette tâche, ce sont ceux dont se compose ce corps si bien dressé et si intrépide.

La garde nationale, quand elle est rassemblée en grand nombre pour une revue, offre aussi un aspect très imposant. On reconnaît au premier aspect que ce ne sont pas des troupes ordinaires. Leurs armes sont dans le meilleur état, et le drap plus fin dont sont faits leurs uniformes contribue à produire cet effet ; sans compter que cet uniforme lui-même, qui est bleu foncé, tranchant avec le blanc des pantalons, est très flatteur à l'œil dans une revue. Je préfère infiniment ce blanc aux pantalons rouges que portent aujourd'hui les soldats de la ligne en France, quoique peut-être ces derniers valent mieux en campagne.

Le roi a fort bonne mine à cheval ; ses fils aussi ; l'état-major est brillant et a l'air fort belliqueux, et l'ensemble a l'apparence aussi aristocratique qu'aucun souverain le puisse désirer. Les cris de *vive le roi!* se firent entendre en grand nombre dans les rangs ; et si l'on doit s'y fier et les considérer comme un indice des sentimens de l'armée pour Louis-Philippe, il peut, je crois, être parfaitement tranquille et ne rien craindre de ce que d'autres pensent ou disent à son égard.

Mais dans cette cité de contradictions, on ne peut jamais conclure avec certitude de ce que l'on voit. A peine avez-vous fixé votre opinion, que l'on vient vous dire que vous êtes dans une erreur complète, et que la vérité est exactement le contraire de ce que vous vous imaginez. Ainsi, le soir, ayant parlé à quelqu'un de l'accueil cordial que les troupes avaient fait au roi, on me répondit :

« *Je le crois bien, madame, les officiers leur commandent de crier.* »

Nous restâmes assez long-temps sur le terrain, et nous vîmes tout ce qu'il était possible de distinguer du fond d'une voiture. Comme toute revue, quand les troupes sont bien habillées et bien tenues, c'était un beau et brillant spectacle. J'ajouterai que, malgré le reproche qui m'a été fait d'ajouter trop de foi à de vains sons, je suis toujours d'avis que le roi Louis-Philippe a toute raison d'être content de ses soldats et de la manière dont ils l'ont accueilli.

Chaque instant que l'on passe à Paris doit augmenter, selon moi, la conviction du pouvoir énorme et de la grande importance dont jouit la garde nationale. Nos volontaires, à l'époque où l'Angleterre était menacée et en danger, nous procurèrent évidemment un grand accroissement de force; et si l'homme qui nous menaçait d'une invasion avait osé venir, ni ses légions, ni ses aigles, ni ses vétérans, ni ses victoires précédentes, n'auraient empêché sa perte. Il le savait, et il ne vint pas. Il reconnut que notre petite île était hérissée d'armes depuis le centre jusqu'à la circonférence, d'armes prêtes à frapper par l'impulsion du cœur et de l'âme, et qui n'étaient pas placées dans les mains de conscrits. Il l'apprit, et il fit sagement de ne pas venir.

Nos volontaires étaient des hommes armés pour une cause qui faisait bouillonner leur sang, et la plus grande preuve que l'on puisse donner de leur importance, c'est que Napoléon jeta les yeux sur eux et se détourna. Mais quel que fût le pouvoir de ce corps dans un moment critique, comme force permanente, il ne saurait se comparer à la garde nationale de France, telle qu'elle est organisée aujourd'hui.

Non seulement le nombre des gardes nationaux est plus considérable, Paris seul fournit quatre-vingt mille hommes, mais encore leur discipline est parfaite, et l'habitude qu'ils ont de monter la garde les tient en une activité si journalière, qu'un seul coup de tocsin suffirait pour mettre le corps tout entier sous les armes dans l'espace d'une demi-heure, chaque homme le sac sur le dos, aussi entièrement convaincu de l'importance du service auquel il est appelé que le général lui-même, et chacun enfin joignant aux autres sentimens et motifs qui font communément la force d'hommes armés, le sentiment intime qu'il défend en même temps sa propriété et sa vie.

C'est ce corps qui doit empêcher la France de dévorer ses propres entrailles, ou rien ne l'en empêchera.

De toutes les nouveautés produites par l'expérience des hommes, qui augmente sans cesse, nouveautés dont nous avons vu mûrir un si grand nombre depuis quelques années, je ne crois pas que l'on puisse en nommer une mieux faite pour remplir le but que l'on s'est proposé, que cette organisation en un corps armé de la partie industrieuse et tranquille d'une société, afin de tenir en respect la partie oisive et désordonnée, et cela sans que les individus qui le composent compromettent, soit les intérêts de leur profession, soit leur indépendance personnelle, plus que tout homme jouissant de son bon sens n'est naturellement disposé quand il s'agit de veiller sur tout ce qui lui est cher et précieux sur la terre.

Plus le pouvoir d'une semblable force augmente, plus le pays où elle existe doit être à l'abri de tout danger de révolution. De pareils hommes sont et doivent être des conservateurs dans le vrai sens du mot, et quoique à la vérité il ne soit pas impossible qu'il s'y mêle quelques individus ennemis de l'ordre, le danger qui s'y joint doit certainement empêcher que cela ne se renouvelle souvent. Il serait aussi facile au loup de monter la garde au milieu de bergers armés et de leurs chiens, qu'aux démagogues et aux agitateurs de se placer dans les rangs de la garde nationale de Paris.

LETTRE XVIII.

Commencement du Procès. — Tactique des accusés. — Conversation parisienne. — Le causeur mystérieux.

———

6 mai 1835.

Le monstre est à la fin sorti de son œuf! Le procès a commencé hier, et nous sommes tous dans la joie de nous être réveillés ce matin bien vivans. Du reste, ce qui adviendra de nous ou du monstre quand ses écailles ou ses plumes pousseront, c'est ce que j'ignore; mais à chaque jour suffit sa peine, et je puis vous assurer de très bonne foi, que quand le journal de Galignani nous arriva comme nous venions de commencer notre déjeuner, nous fûmes enchantés de voir que tout s'était borné à quelques prétentions républicaines de la part des accusés, et à quelques refus monarchiques de la part de la cour.

Les hostilités commencèrent par le refus de quelques-uns des accusés de répondre quand leurs noms furent appelés. Puis vint la demande d'admettre dans la salle d'audience, pendant les procédures, les mères, les épouses et tous les parens du sexe féminin de chacun des accusés. Après cela, ils demandèrent d'une manière un peu bruyante des défenseurs de leur choix, le corps des avocats communément chargés de la défense des accusés ne contenant sans doute pas des orateurs assez dévoués à leur parti pour diriger les débats comme ils l'entendaient.

Ces demandes furent repoussées avec fermeté par la cour, toutefois après qu'elle se fut retirée pendant une couple d'heures pour en délibérer; cérémonie dont je ne comprends pas bien la nécessité. Quant à la présence des dames, comme d'après le calcul le plus modéré, leur nombre se serait élevé à plus de cinq cents, le défaut de galanterie des pairs de France doit en cette occasion leur être pardonné en faveur de leur discrétion. Quoi qu'il en soit, la personne qui dit avoir été chargée par les autres de solliciter l'agrément de leur société, déclara hautement que cette demande serait renouvelée chaque jour. Ceci me rappela l'histoire de cet homme qui pour punir sa femme la forçait d'écouter tous les jours le récit de ses méfaits, et j'y vois la preuve que le plan des accusés consiste à tourmenter leurs juges autant qu'il leur sera possible.

L'un des accusés avait choisi pour défenseur le célèbre abbé de La Mennais, l'auteur des *Paroles d'un Croyant*. Le procureur-général fit remarquer que c'était dans l'intérêt même de la défense qu'il fallait ne pas s'écarter de la règle d'après laquelle il n'était permis qu'à des avocats de plaider.

Après cela vint la demande faite par un des accusés au nom de tous les autres d'une liberté illimitée dans les communications entre les accusés de Lyon, de Paris, de Marseille. La seule réponse qui fut faite à cette demande fut que la séance était levée, avis qui souleva une clameur terrible; et quand les pairs quittèrent la cour, ils furent assaillis par les cris de : « Nous protestons!... nous protestons! »; et ce fut ainsi que se termina la première journée.

Je crois que le gouvernement et toutes les personnes instruites de la véritable situation des choses, savaient parfaitement bien d'avance qu'il n'y avait aucune probabilité de troubles à cette période de l'affaire. Chacun paraît convaincu que les esprits inquiets, les furieux qui ont pris part au vaste complot qui se juge en ce moment, regardent ce procès comme l'occasion la plus favorable possible pour faire un *coup de théâtre* politique, et leur projet aurait été singulièrement contrarié s'il y avait eu une émeute avant le lever de la toile. Tout sentiment de terreur panique paraît maintenant calmé, même chez les personnes les plus éloignées du centre de mouvement; et les seuls effets de cette grande affaire, qui soient visibles pour le moment, se montrent sur les traits des républicains qui, selon leur coutume, parcourent les lieux où ils sont le plus sûrs d'être vus, et qui prennent soin de composer leur visage de façon à ce qu'il soit, comme dit le poète,

« semblable à un livre où les hommes peuvent lire des choses étranges. »

En attendant je remercie le ciel de ce que cette première journée se soit si bien passée. J'en entendais tant parler, qu'elle était devenue pour moi comme une sorte de cauchemar, et j'éprouve aujourd'hui un vrai soulagement. Il est évident que si les agitateurs du dehors jugeaient convenable de faire quelque tentative d'émeute, le gouvernement de son côté se sent assez fort pour les réprimer et pour assurer au pays ce repos après lequel il a si long-temps soupiré en vain. Les troupes de service au Luxembourg ne sont pourtant pas nombreuses. Dans la cour du palais il y avait un bataillon de la première légion de la garde nationale, et environ quatre cents soldats de la ligne occupaient le jardin. Mais quoique l'on ne fasse pas sans nécessité un grand déploiement de force, nous avons la consolation de savoir qu'il n'en manquerait pas s'il survenait une occasion quelconque d'en faire usage.

On m'a dit l'autre jour que quand lord B... vint à Paris, il eut la bonté d'aller voir Armand

Carrel dans sa prison, et que, par suite de cette marque de sympathie et d'affection, on avait suggéré aux prisonniers du Luxembourg l'idée d'envoyer une députation de leurs amis auprès de Sa Seigneurie pour la supplier de venir leur prêter l'appui de son éloquence, en plaidant leur cause contre les tyrans qui les retenaient si injustement dans les fers.

Cette proposition obtint, à ce qu'il paraît, dans le premier moment l'assentiment général; mais elle fut en définitive rejetée, sur l'observation d'une personne qui avait eu un jour l'occasion d'entendre Sa Seigneurie raisonner en français. Ceci est d'autant plus malheureux pour les amis de ces infortunées victimes que, restreintes comme elles le sont dans le choix de leurs défenseurs aux membres du barreau, cette restriction, toute sévère et toute anti-libérale qu'elle est, n'exclurait point Sa Seigneurie, à qui, dans aucun pays du monde, on ne peut refuser le titre d'avocat.

Ce ne fut qu'après avoir expédié quelques messagers pour nous assurer que tout était tranquille, que nous crûmes pouvoir nous risquer à tenir l'engagement que nous avions pris de passer la soirée chez madame de L... J'aurais été bien fâchée de le manquer; car les évènemens de la matinée semblaient avoir éveillé tous les esprits et mis tout le monde en train de parler. Il n'y a rien que j'aime autant que d'entendre une conversation parisienne quand elle est pleine, libre et animée; surtout quand la société est peu nombreuse, comme elle l'était dans cette occasion, et quand elle est disposée à la gaieté : rien dans ce cas n'indique des précautions ou une réserve d'aucun genre. Parmi les personnes que j'ai eu parfois occasion de rencontrer, il s'en trouve qui figurent parmi les personnages les plus importans du jour; mais leur conversation est aussi enjouée, aussi dépourvue de contrainte, que s'ils n'avaient pas autre chose à faire que de s'amuser. Ceux-ci à la vérité ne courent pas de risque de se compromettre; mais j'en ai connu d'autres à qui leur position ne donnait pas autant de sécurité, et qui n'en permettaient pas moins à leurs plus secrètes pensées de frapper l'oreille de tous ceux qui voulaient les écouter.

En un mot, quelque restriction que la police, dont la nature a beaucoup de rapport avec celle du phénix, s'efforce d'imposer à la presse périodique, son influence ne s'étend certainement pas jusqu'aux paroles qui expriment avec une égale liberté la foi ou le scepticisme, le royalisme ou la sédition, la philosophie ou le bel esprit.

Dans des relations aussi passagères que le seront apparemment la plupart de celles que je forme ici, et qui consistent presque toutes à passer une soirée tantôt dans un salon, tantôt dans un autre, il est naturel, qu'à un petit nombre d'exceptions près, je cherche plutôt l'amusement que l'instruction, et s'il en était autrement, je courrais risque de rencontrer, en général, du désappointement où j'attendais du plaisir; car il est évident que ce même sentiment, qui porte la plupart des personnes que l'on rencontre ici dans la société à s'exprimer en liberté, les empêche aussi de rien dire sérieusement; d'où il résulte qu'après avoir causé pendant une couple d'heures sur des sujets que l'on croit très importans, un mot enjoué, un rire termine l'entretien et me laisse souvent en doute sur les véritables sentimens des personnes que je viens d'écouter.

Mais si je ne réussis pas toujours à obtenir des renseignemens utiles, je suis sûre de trouver en toute occasion du plaisir. La conversation ne languit presque jamais. Une série d'aimables riens ou une suite d'idées qui étonnent par une hardiesse apparente, me font souvent penser qu'un talent remarquable a été déployé dans ce que j'ai entendu; mais quand je cherche ensuite à me le rappeler, il ne reste presque rien qui vaille la peine d'être conservé dans la mémoire. Il n'en est pas moins vrai qu'il y a réellement du talent, et un très agréable, à débiter ainsi des riens que l'on pourrait prendre pour de l'esprit.

Je connais aussi, dans notre chère patrie, un petit nombre de personnes qui possèdent cet heureux don, et je ne sais si, en fait de grâces et d'agrémens extérieurs, je ne le préférerais pas à tous les autres. Mais je crois que cette qualité existe chez nous dans la même proportion que les bons acteurs de la haute comédie, comparés à ceux que l'on trouve en France : chez nous ce talent est rare, tandis que les Français paraissent tous l'avoir plus ou moins apporté avec eux en naissant.

Je comparerais volontiers le plaisir que l'on éprouve en écoutant ces légers riens qui forment le sujet des conversations dans les salons français, à celui qu'inspire le pétillant breuvage de leurs coteaux. La conversation française ressemble beaucoup au vin de Champagne; la gaieté qu'elle cause est instantanée : la mousse s'élève, et les esprits les plus ternes trouvent souvent des mots spirituels seulement par leur contact avec des esprits plus brillans qu'eux.

J'oserai presque soutenir que l'effet de cette délicieuse inspiration pourrait être senti par toute femme admise dans la société française, même quand elle n'entendrait pas la langue. Qu'un œil observateur, accoutumé à lire l'expression si visiblement quoique si passagèrement tracée sur la physionomie de personnes qui causent ensemble; que cet œil, dis-je, regarde, s'il ne peut l'entendre, l'effet produit par les éclairs de l'éloquence française. Qu'une autre comparaison encore me soit permise : je trouve que c'est comme l'électricité appliquée à une touffe de plumes attachées ensemble au conducteur par un fil. D'abord l'une, puis l'autre s'élance, s'envole, monte et retombe avec légèreté, avec grâce, avec caprice, et toutes pourtant faisant partie du même cercle.

Il va sans dire qu'en ce moment je ne parle pas de sociétés nombreuses. Celle-ci, comme je vous l'ai déjà dit, se ressemblent étonnamment dans tous les pays, et rien de ce qui s'appelle de la conversation ne peut y avoir lieu. Ce n'est que quand le cercle se compose d'un petit nombre de personnes que cet effet est produit, et alors, l'impulsion une fois donnée par un mot piquant, qui semble avoir été proféré au hasard, chacun en reçoit sa part et y contribue en retour par toutes les pensées scintillantes auxquelles il a donné naissance.

Dans la maison où j'ai été hier au soir, il y

avait une personne qui semblait prendre un malin plaisir à attirer l'attention pour la tromper. Il ressemblait absolument au Timante de Molière, de qui Célimène dit :

« Et jusques au bon jour, il dit tout à l'oreille. »

« Par exemple... j'ai entendu raconter aujourd'hui le trait le plus original du monde sur le compte du roi... Voulez-vous que je vous le dise, madame?.. »

Or, la dame à qui il s'adressait étant une doctrinaire décidée, elle ne lui répondit qu'en secouant la tête d'un air de reproche; mais comme ce geste était accompagné d'un demi-sourire, et comme la dame pencha en même temps l'oreille vers celui qui parlait, ce fut elle, et elle seule, à qui il communiqua à voix basse « le trait le plus original du monde. »

Une autre fois il s'adressa à la maîtresse de la maison; mais comme il parlait d'un bout du cercle à l'autre, il fixa non-seulement son attention, mais encore celle de toute la société.

« *Ma chère dame*, dit-il d'un ton caressant,

voulez-vous permettre que je vous dise un petit mot séditieux. »

« *Comment! séditieux!... et à propos de quoi s'il vous plaît?... Mais c'est égal, contez toujours.* »

En recevant cette réponse, cet homme, qui avait tant de bonnes choses à dire à l'oreille, se leva du fond de son fauteuil, ce qui n'était pas chose fort aisée, car il n'était ni léger ni agile dans ses mouvemens, et faisant gravement le tour des siéges de la société, il se plaça derrière madame de J..., et lui dit tout bas quelque chose qui la fit rougir et secouer la tête; elle rit pourtant aussi et lui dit qu'elle n'aimait pas les politiques timides; que les mots séditieux devaient être prononcés hautement.

Cet avis le fit retourner à sa place, mais il le prit fort bien, car il cessa ses mystères et raconta à haute voix plusieurs petits commérages politiques sans aucune importance, mais si bien tournés qu'au premier moment on était tenté de les croire fort intéressans.

LETTRE XIX.

Victor Hugo.

———

Je viens de nouveau d'entendre répéter de curieux détails sur l'état actuel de la littérature en France. Je crois vous avoir déjà dit que j'avais uniformément entendu parler de l'école *décousue* avec le plus profond mépris, et cela, non-seulement par les vénérables partisans du *bon vieux temps*, mais encore, et avec tout autant de force, par les hommes du temps actuel les plus distingués, soit par leur position, soit par leurs talens.

A l'égard de Victor Hugo, le seul de toute la classe dont je parle qui soit assez connu en Angleterre pour être regardé par nous comme un homme d'une haute célébrité, ce sentiment est plus remarquable encore. Je n'ai jamais eu occasion de parler de lui ou de ses ouvrages à quelque personne que ce fût dont les principes moraux fussent purs ou dont l'esprit fût cultivé, qui ne lui refusât même ce degré de réputation que nos meilleurs critiques se sont montrés disposés à lui accorder. Je pourrais dire que la France paraît rougir de lui. Mainte fois il m'est arrivé de demander ce que l'on pensait de telle ou telle de ses pièces, et la réponse qu'on m'a faite a toujours été :

« Je vous assure que je n'en sais rien ; je ne l'ai jamais vue jouer. »

— « L'avez-vous lue ? »

— « Non ; je ne saurais lire les ouvrages de Victor Hugo. »

Une personne qui m'avait entendu persister dans mes questions au sujet de la réputation dont Victor Hugo jouissait à Paris comme homme de génie et comme écrivain dramatique, me dit un jour qu'elle voyait bien qu'avec la plupart des étrangers, et surtout des Anglais, je regardais Victor Hugo et ses ouvrages comme une sorte de type ou d'échantillon de la France d'aujourd'hui.

« Mais permettez-moi de vous assurer, ajouta-t-il gravement et sérieusement, que jamais idée ne fut plus erronée. Il est à la tête d'une secte; il est pontife d'une société qui a aboli toutes les lois morales et intellectuelles par lesquelles les efforts de l'esprit humain ont été jusqu'à présent réglés. Il a atteint cette prééminence, et je me flatte que personne ne se présentera pour la lui disputer. Mais Victor Hugo n'est point un écrivain dont les ouvrages soient populaires en France. »

Tel est le jugement que, dans ces termes ou dans d'autres équivalens, j'ai entendu prononcer sur lui par neuf personnes d'entre dix à qui je me suis adressée, et je regarde cela comme une preuve de rectitude d'esprit et de bon goût qui fait honneur aux Français. J'en ai été d'autant plus charmée que je ne m'y attendais pas. Il y a tant de faux brillant dans ses écrits, joint à tant de véritable éclat par intervalle, que je croyais certainement trouver les personnes jeunes, et par conséquent peu réfléchies, pleines d'admiration pour cet écrivain.

Son amour pour les tableaux de vice et

d'horreur, et son profond mépris pour tout ce que le temps a consacré comme bon, soit en matière de goût, soit en morale, pouvaient, à ce que je pensais, s'attribuer à l'esprit inquiet du siècle, et devaient infailliblement, d'après cela, obtenir la sympathie et les éloges de ceux qui eux-mêmes avaient déchaîné cet esprit.

Mais cela n'est pas. On reconnaît la sauvage vigueur de quelques-unes de ses descriptions, mais c'est là le seul éloge que j'aie entendu faire des productions de Victor Hugo dans le pays qui lui a donné le jour. Les incidens inattendus, hardis et brillans de ses drames dégoûtans, doivent nécessairement fixer jusqu'à un certain point l'attention la première fois qu'on les voit; et il est si évidemment dans l'intérêt pécuniaire des directeurs de théâtres de monter des pièces qui produisent cet effet, que leur représentation ne peut être alléguée comme une preuve de la dégradation systématique de l'art. C'est un fait que les affiches attestent d'une manière incontestable, que, quand les pièces de Victor Hugo ont épuisé la première curiosité du public, on ne leur accorde jamais l'honneur d'une reprise, et que pas une seule n'est restée au répertoire.

Ce fait, qui m'avait d'abord été dit par une personne bien versée dans cette partie, m'a depuis été confirmé par plusieurs autres, et il démontre mieux que ne le pourrait faire aucune critique raisonnée, quelle est la véritable opinion du public sur ces pièces.

Le roman de *Notre-Dame de Paris* est toujours cité comme le meilleur ouvrage de Victor Hugo; mais, quoiqu'il contienne réellement certains passages où son talent pour la description s'élève à une grande hauteur, je n'ai jamais entendu parler même de cet ouvrage qu'avec plus de dédain que d'admiration; et dans des cercles où une seule louange eût suffi pour fonder sa réputation, je l'ai entendu tourner en ridicule par des plaisanteries légères, contrepoison plus sûr que n'aurait pu l'être la réprobation la plus sévère des critiques de profession.

Mais ce champion du vice, ce chroniqueur du péché, de la honte et de la misère, citera peut-être l'Écriture et dira : « Nul n'est prophête dans son pays. » J'ai vu en effet un journal anglais (*the Examiner*) qui disait : « *Notre-Dame* de Victor Hugo doit prendre rang à côté des meilleurs romans de l'auteur de *Waverley*... Elle les surpasse en vigueur, en feu et en connaissance des mœurs du siècle qu'elle décrit. »

Quant au dernier point sur lequel notre compatriote donne à Victor Hugo la supériorité sur sir Walter Scott, j'ai entendu, depuis que je suis à Paris, un témoignage bien fort qui tend à prouver le contraire. Un savant jurisconsulte, qui est en même temps un homme aussi aimable que distingué, et qui occupe une place éminente au parquet de la cour royale, nous a menée voir le Palais de Justice. En nous montrant la salle des procès criminels, il nous fit observer que c'était celle que Victor Hugo décrit dans son roman et ajouta :

« Mais il s'est trompé en cela, comme presque toutes les fois qu'il affecte de connaître les temps qu'il décrit. Sous le règne de Louis XI, les procès criminels ne se plaidaient jamais dans l'enceinte de ce palais, et les cérémonies qu'il rapporte ressemblent beaucoup plus à celles qui ont lieu de nos jours qu'aux coutumes du temps où il a placé son récit. »

Le dicton vulgaire : « Des goûts et des couleurs il ne faut point disputer, » nous oblige, je pense, à écouter patiemment tous les divers jugemens qu'il plaît aux hommes de prononcer; mais, malgré cela, je ne puis m'empêcher de trouver étrange qu'il y ait un homme qui, après avoir mis en regard sir Walter Scott et Victor Hugo, puisse accorder la palme à l'auteur de *Notre-Dame de Paris!*...

Si les défauts des écrivains de cette école n'étaient que littéraires, il y aurait, je pense, peu de personnes qui voulussent prendre la peine de les critiquer, et leurs absurdités finiraient par mourir de leur belle mort aussitôt qu'elles auraient subi l'épreuve de la publicité; mais des ouvrages du genre de ceux de Victor Hugo sont de nature à faire le plus grand tort à l'humanité. Ils voudraient nous enseigner à croire que nos affections les plus pures et les plus douces ne peuvent nous conduire qu'au crime et à l'infamie. Je ne crois pas que, dans tout ce qu'il a écrit, on rencontre une seule pensée honnête, innocente et sainte. Le péché est la muse qu'il invoque ; l'horreur accompagne ses pas ; des milliers de monstres lui servent de cortége et lui fournissent les originaux des portraits dégoûtans qu'il passe sa vie à tracer.

Pensez-vous qu'il puisse y avoir une plus grande preuve d'un esprit malade, dans la partie *décousue* du monde, que de lui voir non-seulement admirer les plus hideuses extravagances, mais encore croire, ou du moins dire, que l'auteur qui les écrit est un nouveau Shakspeare!.... Un Shakspeare! Pour châtier comme il le mérite un écrivain qui semble porter un défi au genre humain par les libelles qu'il publie contre la race tout entière, il faudrait une arme plus forte et plus acérée que celle dont la main d'une femme est en état de se servir; mais quand on le compare à Shakspeare, je sens qu'il est de notre devoir de prendre la parole. Combien les femmes ne lui doivent-elles pas de reconnaissance et d'amour ! Nul homme, avant ni après lui, n'a mieux pénétré jusqu'au fond de leur cœur, lui qui les a peintes alternativement sous les traits de Portia, de Juliette, de Constance, d'Hermione, de Cordélia, de Volumnia, d'Isabelle, de Desdemone, d'Imogène.

Voyons après cela ce que nous devons à notre peintre moderne. Quelles sont ses héroïnes ? Lucrèce Borgia, Marion Delorme, Blanche, Maguelonne, la Tisbé et sa rivale Catarina, l'épouse-modèle, avec je ne sais combien d'autres de la même espèce, sans compter son héroïne de roman que M. Henry Lytton Bulwer appelle « le personnage féminin le plus délicat que jamais ait tracé la plume d'un romancier. » L'Esmeralda ! dont les seuls charmes consistent à chanter et à danser dans les rues, et qui... délicate créature qu'elle est !.. étant enlevée par un cavalier dans une rixe nocturne, lui jette les bras autour du cou, jure qu'il est très beau, et à compter de ce moment montre la délicate tendresse de son cœur en l'adorant avec opiniâtreté, sans obtenir de lui d'autre retour ou d'autre encouragement qu'une insultante caresse, une nuit qu'il est pris de vin. « Le délicat personnage féminin ! » Mais ce sont là des choses sur lesquelles on ne peut réellement pas s'appesantir. Je trouve cependant que c'est un devoir sacré, toutes les fois qu'il est question des ouvrages de Victor Hugo, de protester hautement contre leur ton et leur tendance, et que c'est aussi un devoir de rectifier, autant que l'on peut, la fausse idée que l'on se fait en Angleterre de la réputation dont cet auteur jouit en France.

Chaque fois qu'on parle de lui en Angleterre, on cite son succès comme une preuve de la dépravation morale et intellectuelle où la France est réduite. Et cela serait vrai si sa réputation était telle que ses partisans le prétendent. Mais en réalité la manière dont il est jugé par ses compatriotes est la plus grande preuve possible que ni la force des conceptions, ni la beauté du style, ni l'ardeur dans la peinture des passions, ne peuvent suffire pour assurer aujourd'hui à un auteur une grande réputation en France, quand avec cela il outrage les bons sentimens et le bon goût. Si quelqu'un doutait de la justesse de cette assertion, je ne pourrais que le renvoyer à la source d'où j'ai moi-même tiré ces renseignemens, c'est-à-dire à la France elle-même. Il y a cependant un fait dont on peut s'assurer sans traverser la mer ; le voici : une revue française, désirant publier un article sur le drame moderne, n'a rien trouvé de mieux à faire que de traduire en entier l'excellent article publié sur ce sujet, il y a environ dix-huit mois, dans notre *Quarterly Review*, en citant la source dans laquelle elle a puisé.

Si le nom et les ouvrages de Victor Hugo n'étaient connus que dans son pays, il serait, je pense, bien temps que je vous délivrasse de lui ; mais c'est un critique anglais qui a dit qu'il a soulevé le terrain sous les pieds de Racine, et je vous demande encore quelques minutes de patience, afin que je tâche de les placer tous deux sous vos yeux. Pour cela j'userai de générosité, et je vous montrerai M. Hugo dans *le Roi s'amuse*, pièce qui, par une circonstance singulièrement heureuse pour l'auteur, ayant été défendue par le gouvernement, a acquis une célébrité beaucoup plus grande qu'aucun autre de ses drames.

On peut remarquer en passant qu'encore deux ou trois mesures de surveillance honnête de ce genre, sur les mœurs et les usages du peuple, pourront effacer la tache dont ce peuple est aujourd'hui souillé, et qui consiste à avoir le théâtre et la presse les plus licencieux du monde.

Dans la première joie qu'a inspirée à cet heureux auteur la gloire de voir sa pièce défendue, il paraît en avoir tout-à-fait perdu la tête. La préface du *Roi s'amuse*, entres autres symptômes de démence, contient les passages suivans :

« Le premier mouvement de l'auteur fut de
« douter... L'acte était arbitraire au point d'être
« incroyable... L'auteur ne pouvait croire à tant
« d'insolence et de folie... Le ministre avait en
« effet, de son droit divin de ministre, intimé
« l'ordre... Le ministre lui avait pris sa pièce,
« lui avait pris son droit, lui avait pris sa chose.
« Il ne restait plus que de le mettre, lui, poëte, à la
« Bastille... Est-ce qu'il y a eu en effet quelque
« chose que l'on a appelé la révolution de juil-
« let ?... Quel peut être le motif d'une pareille
« mesure ?... Il paraît que nos faiseurs de cen-
« sure se prétendent scandalisés dans leur mo-
« rale par *le Roi s'amuse ;* le nom seul du poëte

« inculpé aurait dû être une suffisante réfu-
« tation......(!!!). Cette pièce a révolté la pudeur
« des gendarmes; la brigade Léotaud y était et
« l'a trouvée obscène; le bureau des mœurs
« s'est voilé la face; M. Vidocq a rougi... Holà!
« mes maîtres! silence sur ce point... Depuis
« quand n'est-il plus permis à un roi de cour-
« tiser sur la scène une servante d'auberge?
« Mener un roi dans un mauvais lieu, cela ne
« serait pas même nouveau non plus... L'au-
« teur veut l'art chaste, et non l'art prude... Il
« est profondément triste de voir comment se
« termine la révolution de juillet... »

Après cela vient un *précis* de l'extravagante et odieuse intrigue de la pièce, dans laquelle l'héroïne est, selon l'usage, *une fille séduite et perdue*; et il termine en disant avec emphase :
« Au fond d'un des ouvrages de l'auteur, il y a
« la fatalité... Au fond de celui-ci, il y a la pro-
« vidence. »

Je souhaiterais beaucoup que quelqu'un pût recueillir et publier séparément toutes les préfaces de M. Victor Hugo; j'achèterais sur-le-champ le volume, qui serait pour moi une source inépuisable d'amusement. Il y prend un ton qui, tout considéré, est peut-être sans exemple dans la littérature. Dans une autre partie de la même préface dont je viens de citer quelques passages, il dit :

« ..... Vraiment le pouvoir qui s'attaque à
« nous n'aura pas gagné grand' chose à ce que
« nous, hommes d'art, nous quittions notre
« tâche consciencieuse, tranquille, sincère,
« profonde, notre tâche sainte..... »

Je demanderai s'il y a autre chose au monde qu'une démence complète qui ait pu mettre dans la tête de M. Hugo que la fabrication de quelques drames obscènes fût une *tâche sainte?*

Les principaux personnages, dans *le Roi s'amuse*, sont *François I*ᵉʳ *; Triboulet*, son bouffon et pis encore; *Blanche*, fille de Triboulet, la fille séduite et l'héroïne de la pièce; et *Maguelone*, autre Esmeralda.

L'intérêt se trouve dans le contraste entre Triboulet, entremetteur, et Triboulet, père. Ce bouffon est lui-même le plus corrompu et le plus infame des hommes, et *parce que* il est bossu, il fait en même temps son affaire et son passe-temps d'entraîner le roi son maître dans toutes sortes de débauches; mais il renferme sa fille pour conserver sa pureté; et le poète a épuisé tout son génie à décrire le culte que Triboulet, père, rend à cette vertu, que Triboulet, entremetteur, passe sa vie à détruire.

Comme de raison le roi devient amoureux de Blanche; elle le paie de retour; et Triboulet, entremetteur, aide à l'enlever pendant la nuit, la prenant pour la femme d'un seigneur à qui Sa Majesté le roi faisait en même temps la cour.

Quand Triboulet père et entremetteur découvre ce qu'il a fait, il éprouve une souffrance horrible; et, par un nouveau *tour de force*, l'auteur nous fait voir comment un tel père peut parler à une semblable fille.

Il prend la résolution d'assassiner le roi, et fait part à sa fille, qui est passionnément attachée à son royal séducteur, de l'intention qu'il a formée. Elle la combat; mais elle finit par y consentir après que son père lui a fait voir, par un trou dans le mur, François faisant l'amour à Maguelonne. Voici avec quelle vigueur et quel laconisme cette partie de l'intrigue est traitée :

> BLANCHE, *regardant par le trou dans le mur.*
> Et cette femme !... est-elle effrontée ! Oh !...
> TRIBOULET.
> Tais-toi,
> Pas de pleurs. Laisse moi te venger !
> BLANCHE.
> Hélas ! faites...
> Tout ce que vous voudrez.
> TRIBOULET.
> Merci !

Après avoir arrangé cette partie de l'affaire, il lui donne ses instructions sur la part qu'elle y doit prendre, dans les vers sublimes que voici :

> TRIBOULET.
> Écoute : va chez moi, prends-y des habits d'homme,
> Un cheval, de l'argent, n'importe quelle somme,
> Et pars, sans t'arrêter un instant en chemin,
> Pour Évreux, où j'irai te joindre après-demain...
> Tu sais ce coffre auprès du portrait de ta mère ;
> L'habit est là... Je l'ai d'avance exprès fait faire.

Ayant renvoyé sa fille, il règle avec un Bohémien, nommé Saltabadil, qui est frère de Maguelonne, tous les détails de l'assassinat qui doit se commettre dans leur maison, cabaret borgne, où le mauvais temps et la beauté de Maguelonne engagent le royal libertin à passer la nuit. Triboulet leur laisse un vieux sac, dans lequel ils doivent envelopper le corps, et promet de revenir à minuit, afin de le voir de ses propres yeux jeter dans la Seine.

Pendant ce temps Blanche est partie; mais, éprouvant quelques remords de l'assassinat projeté de son amant, elle revient, et mettant de nouveau l'oreille au trou dans le mur, elle reconnaît que Sa Majesté est allée se coucher dans le grenier, et que le frère et la sœur se consultent sur la manière de le tuer. Maguelonne, qui est une femme *très délicate*, fait aussi des difficultés; elle admire la beauté du roi et propose de l'épargner, pourvu que quelque étranger survienne, dont le corps puisse servir à remplir le sac. Blanche, dans un accès de tendresse héroïque, se résout à être elle-même cet étranger, et s'écrie :

Eh bien ! mourons pour lui.

Mais avant de frapper à la porte, elle se met à genoux pour faire sa prière et surtout pour implorer de Dieu le pardon de tous ses ennemis. C'est là que se trouvent les vers qui font partie de ceux qui ont renversé Racine.

BLANCHE.

O Dieu, vers qui je vais,
Je pardonne à tous ceux qui m'ont été mauvais;
Mon père, et vous, mon Dieu!... pardonnez-leur de même;
Au roi François premier que je plains et que j'aime.

Elle frappe; la porte s'ouvre; elle est poignardée et mise dans le sac. Son père arrive immédiatement après, comme s'il y avait été appelé; il reçoit le sac et s'apprête à le traîner vers la rivière, et le maniant avec tout l'enthousiasme de la vengeance, il s'écrie :

Maintenant, monde, regarde-moi :
Ceci c'est un bouffon et ceci c'est un roi.

Dans ce moment de triomphe, il entend le roi qui chante en sortant de la maison de Maguelonne.

TRIBOULET.

Mais qui donc m'a-t-il pris à sa place, le traître?

Il ouvre le sac, et la lueur d'un éclair, qui arrive avec un singulier à propos mélodramatique, lui permet de reconnaître sa fille qui revient à la vie pour... mourir dans ses bras.

Voilà, sans doute, une situation tragique, et j'avoue qu'il peut paraître fort insensible d'en rire; mais le *pas* qui sépare le sublime du ridicule ne se voit pas fort distinctement ici, et il y a, tant dans la position que dans le langage du père et de la fille, quelque chose à la fois de grossier et de risible qui détruit tout le pathétique de la scène.

Il faut se rappeler qu'elle est vêtue de *l'habit d'homme*, dont, en termes si poétiques, son père a dit:

Je l'ai d'avance exprès fait faire.

Remarquez avec cela qu'elle est toujours dans le sac; car les indications pour la mise en scène disent : *Le bas du corps qui est resté vêtu est caché dans le sac.*

BLANCHE.

Où suis-je?

TRIBOULET.

Blanche! que t'a-t-on fait? Quel mystère infernal?
Je crains en te touchant de te faire du mal...
Ah! la cloche du bac est là sur la muraille;
Ma pauvre enfant, peux-tu m'attendre un peu, que j'aille
Chercher de l'eau?

Un chirurgien arrive, et ayant examiné la blessure, dit :

Elle est morte.
Elle a dans le flanc gauche une plaie assez forte;
Le sang a dû causer la mort en l'étouffant.

TRIBOULET.

J'ai tué mon enfant! j'ai tué mon enfant!

(*Il tombe sur le pavé.*)

FIN.

Tout cela est fort terrible sans doute, mais ce n'est pas de la tragédie, et ce n'est surtout pas de la poésie, et pourtant c'est là ce qu'on nous dit avoir fait trembler la terre sous les pieds de Racine.

Après un pareil arrêt, je sais qu'il doit être

fort ridicule de prononcer encore le nom de Racine; mais je suis néanmoins tentée de dire comme lui :

D'adorateurs zélés à peine un petit nombre,
Ose des premiers temps nous retracer quelque ombre ;
Le reste. . . . .
Se fait initier à ces honteux mystères,
Et blasphême le nom qu'ont invoqué leurs pères.

Comme je ne crains point de reconnaître que je suis du *petit nombre,* vous devez me permettre de rappeler à votre mémoire quelques débris de ce majestueux édifice que Racine a élevé à sa gloire, et qui, dit-on, vient de s'écrouler aujourd'hui sous l'invincible pouvoir de Victor Hugo. Ce ne sera pas du temps perdu; car, de quelque côté que vous vous tourniez parmi les magnifiques décombres de ce temple renversé, vous ne trouverez pas une pierre qui ne soit inappréciable, et dont les ornemens et les ciselures ne fassent reconnaître la main d'un grand homme.

Les drames de Racine ne sont point tirés de la vie ordinaire. Son plan d'ailleurs ne le comportait pas. Il voulait nous donner la tragédie des héros et des demi-dieux; et non pas celle des escrocs, des bouffons et des prostituées.

Si le langage de Racine est de la poésie, celui de M. Hugo ne l'est point, et partout où l'on admire l'un, l'autre doit nécessairement être méprisé. Je n'en finirais pas si je voulais, par des citations, démontrer toute la grâce, la dignité, la noble coupe des vers de Racine.

Jetez seulement pour un instant les yeux sur *Iphigénie*. Là aussi, la perte d'une fille est la source de l'intérêt tragique. Comparez donc les vers que je viens de citer avec ceux où la royale mère décrit le sort qui l'attend :

> Un prêtre, environné d'une foule cruelle,
> Portera sur ma fille une main criminelle,
> Déchirera son sein, et d'un œil curieux,
> Dans son cœur palpitant consultera les dieux ;
> Et moi qui l'amenai, triomphante, adorée,
> Je m'en retournerai seule et désespérée...

Certes, ces vers sont d'une meilleure facture que ceux-ci :

Tu sais ce coffre auprès du portrait de ta mère ;
L'habit est là... je l'ai d'avance exprès fait faire.

Pour moi, je m'écrie avec Philaminte :

Que cet *exprès fait faire* est d'un goût admirable !
C'est à mon sentiment un endroit impayable ;
Et j'entends là-dessous un million de mots...
Il est vrai qu'il dit plus de choses qu'il n'est gros.

Mais pour prendre la chose plus au sérieux, examinons un peu le fondement sur lequel cette école d'auteurs dramatiques appuie ses prétentions à la supériorité sur ses classiques prédécesseurs.

N'est-ce pas qu'ils se disent plus fidèles à la nature ? Or comment justifient-ils cette prétention ? Si vous lisiez toutes les pièces de M. Hugo (et je prie le ciel de vous préserver d'une telle tâche), je ne crois pas que vous y trouviez un seul personnage avec qui vous pussiez sympathiser, un seul sentiment, une seule opinion qui rencontrât dans votre cœur une corde correspondante.

Il serait, je pense, bien moins difficile d'exciter assez fortement l'imagination par la majestueuse éloquence des vers de Racine pour vous faire partager les sentimens de ses sublimes personnages, que d'abaisser votre cœur et votre ame au point de vous faire croire que vous avez réellement quelque chose de commun avec les impures créations de Victor Hugo.

Mais quand même il en serait autrement; quand même les scènes imaginées par ce nouveau Shakspeare seraient plus ressemblantes à la véritable scélératesse de la nature humaine que celles du noble écrivain qu'il aurait détrôné, je nierais encore qu'il existât une bonne raison pour mettre de pareilles scènes sur le théâtre. Pourquoi l'aspect du vice dans toute sa grossièreté doit-il être pour nous un divertissement? Pourquoi les passions les plus viles de notre nature doivent-elles sans cesse être étalées avec affectation à nos regards? « Ce n'est pas, ce ne peut pas être pour notre bien. » Par la même raison il faudrait abandonner nos jardins bien cultivés, avec leurs terrasses de marbre, leurs pelouses veloutées, leurs fleurs et leurs fruits de tous les climats, pour aller nous promener dans quelque marécage; et quand nous glisserions et enfoncerions dans la vase croupissante, nous nous consolerions par la pensée que c'est plus naturel qu'un jardin.

Je m'aperçois que cette lettre est d'une longueur démesurée; il est d'autant plus urgent que je la termine, que je sens que je me fâche; oui, je me fâche de ne pouvoir exprimer par des paroles tout ce que ce sujet m'inspire. Ah! que je voudrais, ne fût-ce que pour une heure, posséder la plume qui traça *la Dunciade;* je m'en servirais de grand cœur, et je finirais en disant :

Rentre dans le néant dont je t'ai fait sortir!

LETTRE XX.

Versailles. — Musée projeté. — Souvenirs des Bourbons. — Les Trianons. — Mauvais dîner. — Les eaux de Saint-Cloud.

Le château de Versailles, ce merveilleux chef-d'œuvre de la magnificence et de la prodigalité de Louis-le-Grand, est fermé depuis dix-huit mois. C'est là un grand désappointement pour ceux de mes compagnons de voyage qui n'ont jamais vu ses vastes appartemens et leurs pompeuses décorations, vantés depuis si long-temps et avec tant de raison. Mais le motif de cette exclusion devrait nous consoler : tout cet immense édifice est rempli d'ouvriers occupés à le convertir en un musée national, où sera placé tout ce que l'art a de plus curieux et de plus intéressant. Si ce projet s'exécute avec la grandeur et la magnificence accoutumées des Français, on aura bien utilisé la coûteuse fantaisie de l'immortel monarque. La conversation, dans une réunion où je me trouvais l'autre soir, étant tombée sur les travaux qui s'exécutent à Versailles, quelqu'un dit que, tant pour la gloire de l'histoire nationale que pour l'encouragement de l'art, le roi avait l'intention d'y former une galerie où seraient représentées toutes les victoires que la France eût jamais remportées.

La réponse me divertit beaucoup, car elle était éminemment française.

« Ma foi, la galerie devra être bien longue, et assez ennuyeuse pour des étrangers! »

Quoique l'on nous eût prévenus que nous ne pourrions pas voir le château, et que par conséquent nous ne pourrions jeter un regard rétrospectif sur les pompes et les grandeurs dont il fut jadis témoin, nous ne résolûmes pas moins d'aller à Versailles, de visiter tout ce qui serait encore visible et d'évoquer les esprits des quatorzième, quinzième et seizième Louis, qui règnent encore dans ces lieux.

Versailles est le palais des souvenirs. Quelque

occupée que soit l'imagination en pénétrant dans sa royale enceinte, il semble que, pour rappeler des scènes qui n'ont point leurs pareilles sur la terre, elle ait moins à faire ici que dans tout autre lieu, quoique également favorable à l'exercice de ses fonctions inventives. Elle y trouve tant de secours! La gloire de Versailles est morte, mais elle n'est ni ensevelie ni effacée; nous pouvons encore distinguer ses traits, étudier ses nobles contours, reconnaître la grâce majestueuse de ses belles proportions et nous figurer parfaitement, et sans beaucoup de peine, ce qu'elle devait être dans toute la vivante splendeur de sa jeunesse.

La journée que nous avons passée au milieu des spectres couronnés dont tout annonce la présence surnaturelle à Versailles, fut un mélange de beau temps et d'ondées, et nos méditations suivirent les vicissitudes du ciel.

On dit que Louis XIV fit construire ce merveilleux palais parce que, de Saint-Germain, il voyait la plaine de Saint-Denis par laquelle son convoi funèbre devait passer, et les clochers de la cathédrale où sa précieuse cendre devait reposer.

Saint-Denis était donc le point le plus éloigné auquel sa vue pouvait atteindre, lorsqu'il réfléchissait à ce qui se passerait quand il ne serait plus, et sur ce point il n'osait fixer ses regards. Qu'il est heureux l'aveuglement qui nous cache ainsi l'avenir ! Si ce grand roi avait pu prévoir les évènemens qui suivraient le moment fatal dont la pensée lui inspirait tant d'effroi, n'aurait-il pas béni la destinée qui lui permettait de descendre si paisiblement dans la tombe ?

Dans un lieu témoin des terribles excès de la populace la plus hideuse que jamais les passions des hommes aient fait sortir de ses repaires, il est singulier de voir combien d'ornemens délicats sont demeurés intacts. La vue des jardins, prise de la façade du château, est singulièrement frappante. Ces jardins ont quelque chose de colossal, et en dépit de la roideur symétrique de leurs longues allées, de leurs arbres peignés et de leurs fontaines sans eau, il est impossible de les contempler sans éprouver la conviction que les rois seuls de la terre, ont jamais pu avoir le droit de s'y promener en maîtres.

Avant de commencer à parcourir la confusion bien ordonnée de bosquets, de statues, de temples, de fontaines qu'il faut nécessairement avoir examinés avant de pouvoir dire que l'on a vu les jardins de Versailles, nous dîmes à notre guide en cheveux blancs de nous faire faire le tour de toutes les parties de l'édifice, en l'encourageant à nous raconter les nombreuses traditions présentes à la mémoire de tout habitant sexagénaire de la ville.

J'ai bien des fois visité ce musée d'augustes souvenirs, et je n'ai jamais manqué de trouver un guide qui ne se rappelât, comme témoin oculaire, les derniers et terribles momens passés en ce lieu par le dernier prince qui l'habita. Celui qui nous accompagna cette fois avait été attaché à l'orangerie. La joie et un retour de jeunesse éclatèrent dans ses accens quand il nous dit que Marie-Antoinette s'était attribué la propriété de tel oranger, parce qu'il lui avait semblé que les fleurs en avaient plus de parfum que celles des autres, et quand il nous montra le myrte à larges feuilles et à fleurs doubles dont il cueillait tous les jours, pour la reine, un bouquet que l'on posait sur sa toilette à deux heures précises. Il connaissait l'origine et l'histoire de chaque arbre comme un berger connaît celles des moutons de son troupeau. Le vénérable père de l'orangerie date son existence du règne de François I*er*, et l'on peut dire avec raison qu'il a une verte vieillesse. L'arbre surnommé *le Louis XIV*, et qui est frère jumeau de ce puissant monarque, a tout l'air d'un adolescent à côté du premier; et l'on assure en effet qu'il n'a pas encore atteint toute sa croissance.

Oh! si ces orangers pouvaient parler! s'ils pouvaient nous raconter les scènes dont ils ont été témoins! s'ils pouvaient décrire toutes les beautés sur lesquelles ils ont répandu leurs fleurs odorantes, tous les héros, les hommes d'état, les poètes, les princes qui se sont promenés majestueusement sous leur ombrage! Oh! qu'ils nous transmettraient de spirituelles méchancetés, de graves avertissemens et de tristes réflexions!

Mais quoique les orangers fussent muets, notre vieillard parla pour eux. C'était un fidèle sujet de l'ancien régime, et l'on eût dit que ces vieux arbres lui avaient transmis avec leur parfum l'attachement à la race pour laquelle ils avaient fleuri pendant tant de siècles : car pendant tout le temps que j'ai respiré l'odeur suave et aristocratique qu'ils exhalaient, je n'ai pas entendu prononcer un mot qui ne fût du plus orthodoxe légitimisme; et pourtant ils continuent à fleurir en dépit des révolutions qui ne les renversent point, et sans se laisser flétrir par l'haleine de l'usurpation, bien plus heureux que ceux qui jadis se reposaient sous leur royal ombrage.

Napoléon a laissé moins de traces de sa personne et de sa puissance à Versailles que partout ailleurs, et les naïades et les hamadryades lèvent encore leurs têtes sculptées avec une noblesse et une grâce qui nous fait bien sentir la nature passagère de l'intermède qui a été joué au milieu d'elles pendant l'empire. Toute cette région respire la famille des Bourbons. « Là, nous dit notre guide, était l'appartement occupé par la reine; ici celui du roi; plus loin celui des enfans de France; ici celui de Monsieur, là celui de M. le comte d'Artois. »

On nous fit faire après cela le tour pour arriver au balcon qui règne au-dessus de la porte d'entrée. Là se tenait l'infortunée Marie-Antoinette, son jeune fils dans ses bras, et à côté d'elle son royal époux, déjà condamné en secret, alors que, baissant les yeux, elle contempla les démons, ivres de sang, qui en voulaient à sa vie et qui finirent par l'obtenir. J'avais déjà plus d'une fois entendu raconter cette horrible histoire, dans ces mêmes lieux; je me hâtai donc de les quitter, quoique tout indiquât que le bon vieillard eût volontiers passé plusieurs heures à nous en parler.

On avait annoncé que les grandes eaux devaient jouer ce jour-là; mais quoique la nature entre pour fort peu de chose dans ce spectacle, elle s'en mêla cette fois-ci pour l'empêcher. Il n'y avait pas d'eau. On nous dit que la sécheresse de l'hiver rendrait probablement impossible de les faire jouer de tout l'été.

Ce fut là un nouveau désappointement; mais nous le supportâmes avec une admirable philosophie. Tout en examinant et en admirant les innombrables allégories qui peuplent le parc, et qu'il a fallu un poète aussi bien qu'un sculpteur pour créer, nous nous rendîmes aux deux Trianons, pour y méditer sur les perpétuelles vicissitudes de l'influence des femmes, depuis madame de Maintenon jusqu'à Joséphine. Ce sont de tristes souvenirs, mais qui peuvent servir à consoler la plupart des femmes de la tranquille obscurité dans laquelle elles sont destinées à passer leur vie.

Il fallut ensuite songer au dîner, et ce dîner, hélas! fut détestable. Nous y trouvâmes pourtant de quoi rire: car quand on nous apporta le vin, il nous parut si mauvais que nous en demandâmes de meilleur. Quatre bouteilles nous furent ainsi offertes l'une après l'autre; d'un prix toujours croissant, mais dont la qualité était exactement la même. En ayant fait l'observation à la fille aux yeux noirs du maître de la maison, elle répondit sans se fâcher, mais aussi sans nier le moins du monde le fait, qu'elle regrettait beaucoup de n'en pas avoir de meilleur à nous offrir. Quand on nous apporta la carte, cette même demoiselle nous dit fort poliment qu'elle ne croyait pas que nous trouvassions dix sous trop cher pour la peine d'ouvrir tant de bouteilles. Or, comme sur ces bouteilles il y en avait trois de bien bouchées et cachetées, nous ne fîmes aucune difficulté de lui donner les dix sous qu'elle réclamait.

Au nombre des projets que nous avions formés pour la journée, se trouvait celui de voir jouer les eaux de Saint-Cloud; mais, pour y arriver, il fallut monter dans une de ces voitures impossibles à décrire, dans lesquelles les joyeux bourgeois de Paris sont transportés de palais en palais, de guinguette en guinguette. Nous avions renvoyé notre bonne citadine sur l'assurance que nous n'aurions aucune difficulté à en trouver une autre. Mais en ceci nous fûmes trompés. Le nombre de personnes à voiturer surpassait de beaucoup celui des moyens de transport, de sorte que nous fûmes très heureux de trouver place dans un équipage que nous eussions dédaigneusement rejeté le matin en sortant de Paris.

La bizarre gaieté de la foule, courant toute du même côté, était fort divertissante. Chacun ne pensait qu'à arriver à Saint-Cloud avant l'heure fixée pour le jeu des eaux; les regards les gestes, la voix, les paroles, tout indiquait cette légère effervescence des esprits vitaux, qui est le trait si essentiellement caractéristique du pays, et l'ensemble formait un panorama mouvant, si brillant et si animé, que la vue seule en donnait des vertiges.

Parmi les singulières voitures employées à cette occasion, il y en avait qui étaient tirées par cinq ou six chevaux. Ce n'étaient, à vrai dire, que des charrettes peintes de couleurs brillantes, suspendues sur de grossiers ressorts et recouvertes de toile tendue à plat. Dans plusieurs de ces voitures, je comptai jusques à vingt personnes. Il y en avait quelques-unes où deux ou trois places étaient encore vacantes; et rien ne pouvait égaler la joie et le ravissement des voyageurs à la vue des efforts que faisait le cocher pour remplir le vide.

Chaque individu que l'on rencontrait sur la route était invité à monter, avec des cris perçans de : « Saint-Cloud ! Saint-Cloud ! Saint-Cloud ! » poussés à tue-tête par le cocher, et répétés d'une voix assourdissante par tous ses voyageurs. Quand par hasard ils passaient devant un piéton se dirigeant tranquillement dans la direction opposée, l'invitation lui était faite avec un redoublement de véhémence, accompagnée d'éclats de rire, qui, loin de l'offenser, donnait toujours lieu de sa part à quelque réplique gaie et spirituelle. Une fois, une voiture de poste passa se rendant en toute hâte à Versailles. A cette vue la joie fut au comble.

« Saint-Cloud ! Saint-Cloud ! Saint-Cloud ! Tournez donc, messieurs, tournez vers Saint-Cloud ! »

Ces cris et ces vociférations auraient suffi pour faire prendre le mors aux dents à tous les chevaux du monde, excepté à des chevaux français ; ceux-ci, sans doute, sont trop accoutumés à ce vacarme pour s'en inquiéter. Il semblait même que, dans cette occasion, ils partageaient la joie universelle; car ils secouaient leurs cordes et leurs glands, ronflaient et relevaient la tête comme s'ils se fussent singulièrement amusés de ce qui se passait autour d'eux.

Nous voilà donc arrivés à Saint-Cloud, nous et je ne sais combien de centaines de personnes encore, sains et saufs, mais trop tard pour ce que nous voulions voir; car l'eau avait manqué long-temps avant l'expiration de la demi-heure promise. Les jardins étaient cependant fort pleins, et personne ne paraissait regretter le désappointement que l'on avait souffert.

Je voudrais bien savoir si les Français vieillissent; je veux dire de la même manière que nous, restant assis au coin de la cheminée, et ne songeant pas plus à aller aux fêtes qu'à jouer à colin-maillard. J'ai vu ici des hommes et des femmes aussi, avec des cheveux blancs et autant de rides que le plus vénérable de nos douze juges; mais je n'en ai vu aucun qui ne me parût prêt à sauter, à danser, à walser et à faire l'amour.

LETTRE XXI.

Histoire du vicomte de B***. — Ses opinions. — État de la France. — Doctrine de l'*utilité*.

J'ai eu ce matin une singulière conversation avec un vieux gentilhomme que j'avais pris jusqu'alors pour un vrai légitimiste, mais qui se trouve, comme vous verrez, être tout autre chose. Je ne saurais pas dire au juste ce qu'il est. Je pense qu'il faut l'appeler un doctrinaire; et pourtant ce n'est pas tout-à-fait cela non plus.

Mais avant de vous parler de ses opinions, il faut que je vous fasse connaître sa personne.

M. le vicomte de B... est un homme que vous seriez, j'en suis sûre, charmée de connaître. Il ne demeure pas à Paris, mais dans un château, qu'il dit situé dans la plus profonde retraite imaginable. Il n'est pourtant qu'à huit lieues de la capitale. M. de B... est veuf, et sa fille unique est mariée depuis quelques années.

Son histoire, qu'il nous apprit lui-même, était du plus grand intérêt. Il nous la raconta avec beaucoup de sensibilité, avec assez d'esprit et avec un peu, mais très peu de vanité. Si pourtant j'essayais de vous la répéter dans les mêmes termes, elle deviendrait longue et ennuyeuse, et ne ressemblerait en rien à ce qu'elle était en sortant de la source vive d'où elle découla.

Je vous dirai donc en peu de mots qu'il était cadet d'une ancienne et noble maison, et fut pendant sept ans page de Louis XVI. Sa beauté devait être frappante, et tout jeune qu'il était à l'époque de la première révolution, il paraît qu'il trouvait déjà la cour un séjour fort agréable. Il y avait deux ans qu'il était entré au service quand son père et son seul frère, plus âgé que lui de dix ans, furent obligés de quitter la France pour sauver leur vie.

Sa famille n'était pas opulente, et de grands sacrifices devinrent nécessaires pour les mettre en état de subsister en Angleterre. Les débris de leur fortune échurent à notre ami, son père et son frère étant morts dans l'exil. Il fit un mariage assez imprudent, et ayant perdu sa femme et marié sa fille, il habite maintenant son vaste château tombant en ruine, avec une seule servante et un vieux domestique, qui lui tient lieu à la fois de maître d'hôtel, de valet de chambre et de cuisinier; ce vieillard a servi avec lui en Vendée, et d'après la description qu'il nous en a faite, ce doit être un vrai caporal Trim.

Je désirerais bien pouvoir accepter l'invitation qu'il m'a faite d'aller le voir à son château. Je pense que j'y verrais exactement un de ces ménages que Scott décrit si bien dans la préface de *Quentin Durward*; mais il n'y faut malheureusement pas penser; cette excursion est tout-à-fait impossible, et je dois renoncer au château, me contentant des longues visites que l'aimable propriétaire veut bien me faire assez souvent le matin.

Je l'ai vu fréquemment et j'ai écouté avec le plus grand intérêt son histoire; mais ce n'est que ce matin que notre conversation a pris un tour spéculatif. Ainsi que je vous l'ai dit, j'étais convaincue, non pas par ses discours, mais par une idée que je m'étais faite d'avance, que M. de B... était un légitimiste zélé. Un vieux gentilhomme, page de Louis XVI, qui a servi en Vendée! Cela pouvait-il être autrement? Pourtant il me parla comme... Mais vous allez entendre.

Notre conversation commença par la question qu'il me fit si je trouvais beaucoup de choses changées à Paris depuis la dernière fois que j'y étais venue.

Je répondis que j'en avais remarqué quelques-unes, et que j'en soupçonnais beaucoup d'autres qui ne m'avaient pas encore frappée.

« Je n'en doute pas, répondit-il, vos compatriotes y sont assez portés; mais prenez conseil de moi. Ne croyez que ce que vous verrez, et rien de plus. »

— « Mais ce que l'on peut voir dans l'espace d'un ou deux mois est si peu de chose! et j'entends au contraire tant dire! »

— « Cela est vrai; mais n'avez-vous pas remarqué que ce qu'une personne vous dit est souvent contredit par une autre? »

« Certainement, » répondis-je.

— « Ne faut-il donc pas, en définitive, que vous jugiez d'après ce que vous voyez ? »

— « Il me semble, au contraire, que ce que je puis faire de mieux est d'écouter tout le monde, de peser les avis dans la balance, et de me décider pour celui qui me paraîtra avoir le plus de poids. »

— « En ce cas prenez bien garde que le poids ne soit faux. Vous trouverez des gens qui vous diront que le sentiment national, qui pendant tant de siècles a fait des Français un peuple puissant et influent, s'est affaibli, dissous, qu'il n'existe plus; que quoiqu'il y ait encore des Français, il n'y a plus de peuple français. »

— « Si l'on me disait cela, je répondrais que le mal dont on se plaint provient moins d'un changement qui se serait fait dans le caractère français, que de la fausse position dans laquelle tant de personnes en France se trouvent en ce moment placées. Les cœurs des hommes sont divisés parce qu'ils sont éloignés en divers sens d'un centre commun. »

—« Et vous auriez raison. Mais un autre viendra vous dire que la France régénérée dictera des lois à toute la terre; que son drapeau deviendra le drapeau de tous les peuples; son gouvernement leur gouvernement, et que leurs monarchies ébranlées tomberont en poussière en s'incorporant dans sa glorieuse république. »

— « A celui-là je dirais qu'il me semble livré à un songe inquiet et qu'il serait heureux pour lui qu'il se réveillât le plus tôt possible d'un sommeil si agité. »

— « Mais que concluriez vous de semblables récits au sujet de la situation du pays ? »

— « Je croirais que, selon l'usage, la vérité se trouve entre les deux. Je croirais que la France n'est ni assez unie pour se montrer sous la forme d'un géant invincible, ni assez divisée pour devenir une masse d'atomes sans conviction ou une race de pigmées. »

— « Vous savez, continua-t-il, que la phrase à la mode, pour décrire notre situation actuelle, est de dire que nous sommes dans un *état de transition*, comme qui dirait des chrysalides destinées à devenir papillons. Pour moi je pense, au contraire, que la transition est passée, et il en était bien temps : il y aura bientôt un demi-siècle que la France n'a connu la tranquillité ou la paix intérieure, et quelque puissante qu'elle ait été ou qu'elle soit encore, elle ne pourra manquer de devenir la proie du premier qui voudra la dépouiller, à moins qu'elle ne s'arrête avant qu'il soit trop tard, et ne retrempe ses forces par un peu de repos. »

« Mais comment obtenir ce repos, demandai-je ; les uns veulent celui-ci, les autres celui-là, et d'autres encore n'en veulent pas du tout. Ce n'est pas dans une pareille situation qu'un pays peut espérer d'arriver au repos. »

— « Vous auriez raison si toutes les factions étaient égales en puissance, ou du moins assez également balancées pour pouvoir persévérer dans la lutte pour la suprématie. Notre seule espérance consiste à croire que cette égalité n'existe point. Que celui qui s'est emparé du gouvernail le garde. S'il est pilote habile, il saura bien nous guider à travers les écueils, et il n'est plus temps de demander comment il est arrivé à la place qu'il occupe. Remercions le ciel de ce que, grâce au hasard, il se trouve être de la même race que ceux auxquels pendant tant de siècles nous avons confié le salut de notre barque. »

Je crois que mon étonnement fut visible sur mon visage; car le vieux gentilhomme sourit, en ajoutant :

« Vous fais-je peur avec mes principes révolutionnaires ? »

« Je vous avoue que vous m'étonnez un peu, répondis-je. Je pensais que, dans votre opinion, les droits d'un monarque légitime devaient être imprescriptibles. »

— « Quelle est la loi, madame, qui puisse gouverner la nécessité ? Je ne parle pas de mes propres sentimens ni de ceux du petit nombre de personnes qui, comme moi, datent d'un autre siècle. De terribles convulsions ont agité la France et menacent peut-être le reste de l'Europe. Pendant bien des années je me suis tenu à l'écart, j'ai surveillé la tempête, et je me suis convaincu, à ma grande consolation, que les crimes et les passions des hommes ne peuvent changer la nature des choses. Ils peuvent produire de grands maux, ils peuvent troubler et entraver le cours paisible des événemens; mais l'homme reste toujours ce qu'il était; il cherche sa sûreté et son bonheur où il les a toujours trouvés... sous l'aile du pouvoir. »

— « Sur ce point je suis parfaitement d'accord avec vous. Mais, certes, plus ce pouvoir est juste et légitime, plus on a lieu d'espérer que son influence sera tranquille et à l'abri de toute contestation. »

« La France n'a plus de choix, dit-il en m'interrompant brusquement; je ne parle que comme spectateur : ma carrière politique est terminée. J'ai plus d'une fois prêté serment de fidélité à la branche aînée de la maison de Bourbon, et bien certainement aucun motif ne pourrait m'engager à accepter une place d'un autre gouvernement ou à lui transférer mes sermens. Mais pensez-vous que ce pût être le devoir d'un Français, qui a trois petits-fils nés en France, d'appeler la guerre civile dans le pays de ses pères, et d'oublier son pays pour ne se souvenir que de son roi? Je ne vous dis pas que si je pouvais, en me réveillant demain matin, trouver Henri V paisiblement assis sur le trône de ses pères, je ne m'en réjouirais pas, surtout si j'étais convaincu qu'il serait aussi capable que son cousin Philippe, de tenir en respect les mauvais sujets de Paris. S'il suffisait de souhaiter, je souhaiterais à la France un gouvernement assez fort pour l'empêcher de se détruire elle-même, et à la tête de ce gouvernement un roi qui tirerait ses droits à la couronne, non pas de la conquête, mais de la volonté de Dieu en légitime succession. Mais quand nous autres mortels nous formons un souhait, nous devons être trop heureux d'en obtenir la moitié, et, à dire vrai, je crois que la première et la meilleure moitié du mien a été exaucée. Je reconnais dans le gouvernement du roi Louis-Philippe une force et une vigueur qui me donnent bon espoir de voir la France, sous sa protection, revenir de ses péchés, guérir de ses plaies, et redevenir la gloire de ses enfans. »

En parlant ainsi, M. de B... se leva pour partir, et me tendant la main à la manière anglaise, il ajouta :

« Je crains que vous ne m'aimiez plus autant que vous le faisiez... Je ne suis plus à vos yeux un féal et preux chevalier... Peut-être même me regardez-vous comme un traître et un rebelle... N'est-il pas vrai? »

Je ne savais comment lui répondre. Il est certain qu'il avait perdu à mes yeux cette élévation poétique de caractère dont je l'avais auparavant investi; et pourtant il y avait dans sa franchise un mélange de probité et d'honneur que je ne pouvais m'empêcher d'estimer. Je le remerciai de la sincérité avec laquelle il m'avait parlé; mais j'avouai que je n'étais point encore convaincue que la doctrine de l'*utilité* fût la règle la plus juste que les hommes dussent suivre. Comme elle n'était certainement pas la plus noble, j'aimais à croire qu'elle n'était pas la meilleure.

« Il faut que je m'en aille, dit-il en regardant à sa montre; voici l'heure de mon dîner; sans quoi je pourrais disputer encore un peu avec vous sur ce que vous appelez *utilité*. Tout ce qu'il nous est réellement utile de faire, c'est-à-dire ce qu'il y a de mieux pour nous dans la position où nous sommes placés, est réellement juste... Adieu, je me présenterai de nouveau sous peu, et je serai reconnaissant si vous voulez bien m'admettre. »

En parlant ainsi, il sortit, nous laissant tous un peu moins enchantés de lui que nous ne l'étions auparavant, mais certes nullement disposés à lui fermer notre porte.

LETTRE XXII.

Le cimetière du Père La Chaise.— Réflexions morales.— Manière différente d'exprimer la douleur en France et en Angleterre.—Le tombeau d'Abeilard et d'Héloïse.— Autres tombeaux.

———

Quoique j'aie déjà bien souvent visité le cimetière du Père La Chaise, c'est avec un sentiment nouveau de curiosité et d'intérêt que j'y ai accompagné hier ceux de ma société qui ne l'avaient pas encore vu. J'ai éprouvé une satisfaction mélancolique à errer de nouveau dans ses allées de cyprès qui aujourd'hui répandent une ombre si fraîche, et j'ai ressenti encore cette espèce d'émotion incertaine que j'éprouve toutes les fois que j'y vais : tantôt prête à sourire de la manière bizarre dont l'affection s'y manifeste, tantôt touchée jusques aux larmes par quelque marque de tendresse qui se fait sentir même au sein du vaste amas d'enfantillages dont ce lieu abonde.

Il est certain que ce jardin de douleur offre un spectacle très grave et très frappant. Quelle masse de mortalité on embrasse d'un seul coup d'œil ! Elle ne laisse pas que de faire réfléchir un peu, même quand on sort de l'oisiveté affairée de Paris : de ce Paris, l'opposé de toute pensée sérieuse, le paradis spécialement consacré aux adorateurs de l'insouciance.

Une profusion de fleurs printanières ornent en ce moment tous les enclos soignés. La beauté, la fraîcheur, le parfum, sont sur la surface de la terre... Quel terrible contraste avec ce qu'elle recouvre !

Je ne crois pas avoir jamais vu de lieu, soit une église, soit un cimetière, où la dignité inégale des monumens élevés au-dessus de la poussière qui les couvre tous si également, se montre de manière à frapper aussi fortement le cœur qu'au Père La Chaise. Ici une pelletée de gazon a de la peine à verdir; là s'élève un vaste mausolée ombrageant son modeste voisin. D'un côté de l'étroit sentier, la douleur est enveloppée et cachée aux regards par cette même pauvreté qui la rend plus amère, pendant que, de l'autre côté, la richesse, le rang, l'orgueil, accumulent des ornemens sur l'indigne argile dont ils cherchent vainement à déguiser la nullité. C'est un abrégé du monde qu'ils ont quitté ; enlevez le marbre, retournez le gazon, et vous verrez que la nature humaine offre le même aspect sous l'un comme sous l'autre.

Nous vîmes plusieurs groupes de personnes en grand deuil se promenant parmi les tombes ; il y en avait tant que, quand nous nous détournions d'un de ces groupes avec le respect que l'on est toujours disposé à ressentir pour la douleur, nous étions sûrs d'en rencontrer un autre. Cet usage de se lamenter en public nous paraît si étrange ! Comment une timide mère anglaise, qui pleure intérieurement et cache ses chagrins au fond de son cœur, pourrait-elle supporter de marchander à la grille publique une jolie guirlande, d'entrer ensuite dans le cimetière au milieu d'une foule indifférente, l'ornement suspendu à son doigt, et, devant les yeux de tous ceux à qui il prendra fantaisie de la regarder, d'aller attacher la guirlande au tombeau de son enfant? Elle aurait infailliblement perdu l'esprit avant ou après un pareil acte. S'il n'était point chez elle l'effet de la démence, il en deviendrait la cause. Et pourtant, tel est l'effet de l'habitude, ou plutôt telle est la différence dans le ton des mœurs et de l'esprit, qu'ici l'on verra journellement des parens tendrement attachés à leurs enfans pendant leur vie, et dont le cœur s'est réellement brisé par leur perte, se livrer, baignés de larmes, à ces lamentations publiques.

Il est en effet impossible, malgré toute la grandeur du contraste entre ces manières et les nôtres, de contempler toutes ces fleurs si fraîches, ces guirlandes, et tant d'aimables témoignages des soins les plus tendres qui frappent les regards dans cette vaste mappemonde de la nullité mortelle, sans être convaincu qu'un amour sincère et une douleur véritable se sont épanchés de cette façon.

Un petit enclos attira mon attention comme le plus bizarre et le plus touchant de tous. Il renfermait la petite tombe de gazon d'un jeune enfant; des fleurs choisies croissaient à l'entour, et au fond s'élevait une petite construction en demi-cercle, renfermant, avec un crucifix et autres emblèmes religieux, plusieurs jouets d'enfans qui sans doute avaient contribué aux derniers plaisirs du trésor perdu. L'inscription apprenait qu'il était mort à l'âge de trois ans, et qu'il était le premier et seul fruit d'une union de douze années. Au-dessous de cette épitaphe étaient écrits ces mots.

« Passans, priez pour sa malheureuse mère ! »

Ne pourrait-on pas appliquer aux Français ces vers du poète :

La pensée, l'affliction, la passion, la mort elle-même,
Tout devient pour eux une faveur, tout s'orne sous leurs doigts.

Mais je crois qu'il serait à la fois plus juste et plus généreux, au lieu d'accuser la nation entière d'être la victime de l'affectation, plutôt que de la douleur, dans toutes les peines que la mort peut causer; il serait, dis-je, plus juste de croire qu'elle sent aussi vivement que nous, quoiqu'elle ait certainement une manière fort différente de l'exprimer.

J'aurais bien souhaité que ceux, quels qu'ils soient, qui ont la haute direction de cette partie, eussent laissé le curieux tombeau d'Héloïse et d'Abeilard, tranquillement à la place où il était. Sa forme et ses ornemens gothiques ne sont nullement en rapport avec les objets qui l'entourent. La mesquine tablette de plâtre qui y est attachée, plutôt pour faire connaître l'histoire du monument que celle des personnes qu'il renferme, est du plus détestable goût, et ma seule espérance est que les élémens achèveront l'ouvrage qu'ils ont commencé, et que ce barbare enlaidissement tombera en poussière avant que nos petits-fils sachent qu'il a existé.

Les arbres et les arbustes se sont tellement multipliés et se sont élevés avec tant de rapidité, qu'en beaucoup d'endroits il est difficile de se frayer un passage, et les tombes sont extrêmement nombreuses sur toute l'étendue du terrain. Quelques arpens viennent d'y être ajoutés depuis peu; mais leur surface aride, dépouillée et sans ornement, ne permet pas encore à l'œil de reconnaître qu'ils font partie de ce jardin. Une seule tombe, pâle et solitaire, y est placée, précisément à la limite de la sombre allée de cyprès qui borne l'ancien enclos; elle ressemble à un fantôme couvert d'un linceul, errant à l'heure où la nuit se confond avec le matin.

Un fort beau monument a été construit depuis la dernière fois que j'ai visité ce jardin. Il a été élevé à la mémoire d'une noble dame russe dont j'ai oublié le nom, que du reste je n'aurais jamais pu prononcer. Il est en marbre blanc, et ses proportions sont magnifiques, vastes et élégantes, et en même temps massives et d'une extrême simplicité. A mon avis, c'est le monument funèbre du goût le plus parfait que j'aie jamais vu. On n'y voit ni effigie, ni statue, et à peine un ornement; mais il semble avoir été construit dans le but de joindre l'apparence de la majesté à celle de la durée. Ce superbe mausolée est placé à peu près au point le plus élevé du jardin, sur lequel il domine et il forme un point de vue très frappant dans quelque endroit qu'on se trouve.

Parmi le grand nombre de noms qu'on ne peut s'empêcher de lire en passant, quoiqu'ils n'offrent qu'un bien faible intérêt à l'esprit, j'ai remarqué celui du *baron de Munchausen*. Il était inscrit sur une pierre d'une fort modeste apparence, mais suivi d'une foule de titres brillans, d'où j'appris que ce baron, que j'avais toujours regardé jusqu'à présent comme un personnage imaginaire, était en réalité un homme fort important dans je ne sais plus quelle cour. Je ne devine pas pourquoi on a fait chez nous un si singulier usage de son noble nom.

Dans le cours de notre promenade, nous lûmes cette étrange épitaphe :

« *Ci gît Caroline* (je crois que le nom était Caroline), *fille de* mademoiselle *Mars*. »

N'est-il pas étonnant que huit lieues de mer puissent occasioner une si grande différence dans les mœurs et les usages des deux peuples?

Il n'y a pas beaucoup de statues dans ce cimetière, et pas une seule dont le mérite soit assez grand pour ajouter à son embellissement. J'en ai pourtant remarqué une qui y a été placée récemment, et qui domine tous les objets qui l'environnent. Elle caractérise bien l'époque où elle a été érigée, et le caractère du peuple auquel elle a l'air de s'adresser. C'est une figure colossale de Manuel. La physionomie est commune, et l'expression des traits est pleine de violence et d'exagération. Il est impossible d'y méconnaître l'image d'un tribun factieux et plein d'audace.

LETTRE XXIII.

Personnes remarquables. — *Personnes distinguées.* —
Dame métaphysicienne.

———

Nous avons passé hier la soirée chez une dame qui nous avait été présentée dans les termes suivans :

« Vous pouvez être sûrs de rencontrer chez madame de V*** beaucoup de personnes remarquables. »

Ce genre de recommandation serait, je crois, partout celle qui jetterait le plus piquant intérêt sur une nouvelle connaissance; mais elle fait cet effet à Paris plus que partout ailleurs, car cette agréable capitale attire dans son sein une réunion de personnes remarquables, tirées d'une variété de nations, de classes et d'opinions, dont on n'a nulle idée dans aucun autre lieu du monde.

Néanmoins, par le terme de *personnes remarquables*, il ne faut pas croire absolument que l'on veuille entendre des personnages tellement célèbres que leur seule vue serait un objet de curiosité pour tout le monde; cette phrase varie au contraire de valeur et de sens selon les sentimens, les facultés et le rang de celui qui s'en sert.

Chaque société a des *personnes remarquables* qui lui sont propres, et je commence déjà à reconnaître quel est, dans les diverses maisons où je suis reçue, le genre de personnes remarquables que je dois m'attendre à y rencontrer.

Quand madame A..., en me voyant entrer dans son salon, me dit à l'oreille : « *Ah! c'est bon, j'aurais été bien fâchée si vous m'aviez manqué. Il y a ici ce soir une personne bien remarquable qu'il faut absolument que je vous présente,* » je suis sûre d'avance que je vais voir un homme qui a été maréchal, ou duc, ou général, ou médecin, ou acteur, ou artiste, au service particulier de Napoléon.

Si c'est madame B... qui se sert de la même

phrase, je n'en suis pas moins certaine qu'elle va me présenter quelque doctrinaire, bien content de lui-même, qui a obtenu une belle place, ou à qui, du moins, elle vient d'être promise, grâce à la promptitude avec laquelle il s'est rangé du côté du vainqueur.

Madame C..., au contraire, ne daignerait pas honorer de cette épithète toute personne qui s'occuperait d'intérêts matériels ou terrestres. Nul n'en est digne, à ses yeux, qu'un philosophe qui a pâli sous les efforts qu'il a faits pour concilier des idées paradoxales ou pour découvrir un élément nouveau.

La charmante, tranquille, gracieuse, douce madame D... ne l'applique jamais qu'en parlant d'un ministre, d'un gentilhomme de la chambre, d'un ami ou d'un fidèle serviteur de la dynastie exilée.

Quant à la grande madame E..., aux épais sourcils noirs, aux lèvres serrées, au sourire sinistre, bien qu'elle prétende que, dans son salon, elle reçoit avec le même plaisir les hommes de talent de tous les partis, je suis bien sûre qu'elle est fort indifférente à toute illustration qui ne puise pas ses titres de gloire dans les grandes et immortelles iniquités de quelque révolution. Elle est encore trop jeune pour avoir eu rien de commun avec la première, mais je ne doute pas qu'elle n'ait pris une large part à la seconde; et je parierais bien en outre qu'elle ne connaîtra de repos, ni la nuit ni le jour, tant que l'on ne sera pas parvenu à en faire une troisième. Si ses espérances sont trompées à cet égard, elle mourra certainement d'inanition; car elle ne se nourrit que de pensées séditieuses contre toute autorité constituée.

Je sais que je lui déplais, et je soupçonne que, si elle m'a fait l'honneur de m'admettre en sa présence, c'est seulement pour avoir l'occasion de débiter devant moi des choses qu'elle croit devoir m'être désagréables.

Ainsi, par exemple, je crois qu'elle s'est imaginé que je n'aime pas à me trouver avec des Américains; mais elle se trompe en cela comme en presque toutes ses idées.

A dire vrai, je n'ai jamais été témoin ni n'ai entendu parler d'un fanatisme égal au culte que cette dame porte à la destruction. La règle qui sert de guide en toutes choses à son jugement, est que tout ce qui existe est mal.

Il suffit pour elle qu'une loi soit rendue sur un sujet quelconque, pour qu'elle la trouve détestable, et je ne serais pas étonnée si demain la république, qui est son idole, mais à laquelle elle ne comprend pas plus que son petit chien, si la république, dis-je, était proclamée demain en France, que nous ne la vissions, le jour d'après, brodant de ses propres mains un manteau fleurdelisé pour un roi légitime.

Les personnes *remarquables* de madame F... sont presque toutes des étrangers de la classe philosophico-révolutionnaire, de ces messieurs qui ne se trouvent pas bien chez eux, et qui, d'après cela, aiment mieux être remarquables et remarqués à quelques cents lieues de leur patrie.

Madame G... ne connaît de personnes remarquables que parmi les musiciens. « *Croyez-moi, madame*, dit-elle, *il n'y a que monsieur pour toucher du piano... Vous n'avez pas encore en-*

tendu mademoiselle F...? Mais quelle voix!... Oh!... elle va faire une fortune immense à Londres. »

Les connaissances de madame H... ne sont pas aussi remarquables par leurs individualités que par les contrastes qu'elles présentent les unes avec les autres. Elle prend un plaisir particulier à voir réunies chez elle des personnes qui, si elles se rencontraient toute autre part, ne demanderaient pas mieux que de s'envoyer une balle dans la tête. Il faut convenir que c'est là une idée fort étrange; mais il n'en est pas moins vrai que, malgré cela, ses soirées sont charmantes.

Les amis de madame I... ne sont pas *remarquables*, ils sont *distingués*. On se figurerait difficilement combien j'ai rencontré chez elle de Polonais distingués.

Je vous fatiguerais si je suivais ainsi tout l'alphabet. Revenant donc au point d'où j'étais partie, je vais vous conduire avec moi à la soirée de madame de V... Une société nombreuse est toujours une sorte de loterie, où, selon que la fortune vous est favorable ou contraire, les voisins auprès desquels le hasard vous place se trouvent être des personnes aimables ou non. Je ne crois pas avoir pris hier au soir un lot gagnant, et si la fortune veut me dédommager, il faudra qu'elle me place ce soir à côté d'une des personnes les plus aimables de Paris. Si j'étais pendant huit jours de suite aussi malheureuse que je l'ai été hier, je ne sais si je ne quitterais pas le pays de désespoir.

Une dame, que je n'avais jamais vue auparavant, traversa le salon, aussitôt que je fus arrivée, pour venir s'asseoir à côté de moi, et ayant rencontré madame de V... en route, elle me fut présentée avec toutes les formes requises. J'étais placée sur un sofa à côté d'un vieillard avec qui nous sommes fort liés, et dont la conversation a pour moi un charme particulier; il venait de s'asseoir, quand ma nouvelle connaissance vint se faufiler entre nous deux en disant.

« *Pardon, monsieur... ne vous dérangez pas !... mais si madame voulait bien me permettre....* »

Et avant qu'elle pût achever, ma vieille connaissance était bien loin, et ma nouvelle tout à côté de moi!

Elle entama la conversation par quelques mots fort obligeans, sur le désir qu'elle avait de faire ma connaissance.

« Je serais bien aise, dit-elle, de raisonner avec vous. »

Je saluai, mais en tremblant intérieurement, car je n'aime pas à raisonner, surtout avec des dames *remarquables*.

« Oui, continua-t-elle, je désire raisonner avec vous sur divers sujets d'un intérêt majeur pour nous tous; sur des sujets à l'égard desquels il est possible qu'en ce moment nous pensions différemment, mais sur lesquels je suis sûre que nous serons d'accord si vous voulez seulement m'écouter. »

Je fis en souriant un second salut, et je murmurai quelques phrases de politesse, de l'air le plus content qu'il me fut possible de prendre. Je songeais que Paris était bien grand, et qu'il me serait facile d'échapper à l'avenir aux leçons de ce professeur, si elles ne me convenaient pas. A dire vrai, cependant, il y avait dans les regards et dans les manières de ma nouvelle amie, quelque chose qui ne laissait pas que de m'alarmer un peu. Elle est pourtant assez jolie ; mais ses yeux étincelans ne sont jamais tranquilles ; elle est d'ailleurs de ces personnes qui cherchent à ajouter par des gestes à l'éloquence de leurs paroles, et qui vous touchent continuellement en vous parlant. Si elle avait été un homme, elle aurait pris tous ses amis par le bouton de leur habit ; mais à présent elle ne peut que vous poser les doigts avec force sur le bras, ou vous tirer par la manche de votre robe s'il lui paraît que vous ne lui accordez pas toute l'attention qu'elle se croit en droit d'exiger.

« Vous êtes légitimiste !... *Quel dommage !* Ah !... vous souriez. Mais si vous saviez le tort incalculable que l'on fait à l'intelligence en lui imposant des chaînes !.. Remarquez bien que mes études se bornent à un seul sujet... à la philosophie de l'esprit humain. La métaphysique a été, depuis mon enfance, le grand but de ma vie (elle avait tout au plus vingt-huit ans) ; et pourtant, quelquefois, j'ai la faiblesse de me détourner de cette noble étude pour contempler les flots troublés des affaires du monde qui coulent devant moi. Mon intention n'est pas de traiter à fond la politique, je n'en ai pas le temps; mais j'en vois assez pour me dégoûter du despotisme et de la légitimité. Croyez-moi, ils resserrent l'esprit, et soyez bien assurée qu'une succession constante de changemens politiques maintient les facultés d'une nation sur le *qui vive*, et, considérés d'une façon abstraite, comme des opérations de l'esprit, ne peuvent manquer de lui être infiniment plus avantageux que l'état d'assoupissement qui résulte d'une même position, quelle qu'elle soit, quand elle se prolonge pendant trop long-temps. »

Elle tenait le dé, il ne me restait qu'à me taire; je pris donc avec résignation la résolution d'écouter avec toute la patience dont je serais capable, jusqu'à ce que je trouvasse une occasion favorable de changer de place.

J'ai déjà bien souvent, et en divers pays, entendu débiter force sottises; mais je puis vous assurer que jamais de ma vie je n'ai entendu, ni probablement n'entendrai de nouveau, une profusion d'absurdités telles qu'en contenaient les discours de cette dame. Et pourtant on m'a certifié que, dans bien des sociétés, elle passe pour une femme de génie. Ce serait en vain que j'essaierais de me rappeler et de traduire en anglais tout ce qu'elle m'a dit; mais dans le nombre de ses discours, il y en avait qui, réellement, méritent d'être conservés.

Après avoir ainsi rompu une lance contre l'autorité, elle s'interrompit en s'écriant :

« *Mais après tout*, qu'importe?.. Quand une fois vous vous êtes consacrée à l'étude de l'ame, toutes ces petites distinctions paraissent si frivoles!... Je me suis adonnée tout entière à cette étude de l'ame, et ma vie se passe dans une suite d'expériences qui, pourvu que ceci ne s'use pas (montrant sa tête), devront nécessairement, je pense, me conduire à quelque découverte importante. »

Comme elle s'arrêta pour un moment, je crus devoir glisser un mot, et je lui demandai de quelle nature étaient les expériences dont elle parlait; à quoi elle répondit :

« Principalement sur l'anatomie comparée. Ce n'est qu'en se livrant à des expériences suivies que l'on comprend les résultats extraordinaires auxquels on arrive par ce mode d'investigation, le meilleur et le plus sûr de tous. Prenez une souris, par exemple... *Ah! madame...* Croiriez-vous que la formation d'une souris pût jeter de la lumière sur la théorie du plus noble sentiment qui anime le cœur de l'homme.. de la valeur. Cela est pourtant vrai, je vous l'assure. C'est là le triomphe de la science. En épiant les pulsations de ce *chétif animal*, ajouta-t-elle en me serrant le poignet, nous avons fait un pas immense vers la connaissance des intéressans phénomènes que présente la passion de la peur. »

En ce moment mon vieil ami revint; mais je vis bien qu'il désespérait de pouvoir reprendre sa place. Il était sans doute curieux de savoir comment je m'arrangeais de ma métaphysicienne. Il y avait infiniment d'esprit dans le regard qu'il me lança en disant :

« *Eh bien! madame Trollope, est-ce que madame *** vous a inspiré l'ambition de la suivre dans ses études sublimes ?* »

« Je crains qu'elles ne soient au-dessus de mes forces, » répondis-je. Sur quoi madame *** se lança de nouveau dans les éloges de *sa* science, qui était la seule science qui en méritât le nom... une science qui...

Ici mon ami le vieillard s'éloigna encore en se glissant derrière un plateau de glaces, et je ne tardai pas à l'imiter : car, ayant été fort occupée toute la journée, j'étais très fatiguée; si fatiguée, que je craignais de m'endormir dans le moment même où madame *** s'efforçait de réveiller en moi le sentiment d'une intelligence plus sublime.

Je n'ai pas répété la moitié des choses qu'elle m'a dites, mais je pense que vous serez d'avis que je vous en ai dit assez. Je n'avais jamais, auparavant, rien rencontré d'aussi éminemment ridicule que sa conversation; mais en ayant fait l'observation à mon vieil ami que je rencontrai devant la porte, il m'assura qu'il connaissait une autre dame de qui la manie était l'éducation, et de qui les doctrines et la manière de les développer étaient bien plus absurdes encore que la philosophie de l'ame de madame ***.

« Mais n'ayez pas peur, je ne vous ferai pas faire sa connaissance; car je mets tous mes soins à la rencontrer le moins possible... Connaîtriez-vous quelques dames anglaises qui se soient aussi consacrées à l'étude de l'ame?»

— « Je suis charmée de vous dire que je n'en connais point. »

LETTRE XXIV.

Expédition au Luxembourg. — L'admission des femmes. — Les portraits de Henri. — Le costume républicain. — Le quai Voltaire. — Inscriptions sur les murs. — Anecdote du maréchal Lobau. — Accusation.

Depuis le moment où les procédures ont commencé au Luxembourg, nous avions formé le projet d'y faire une excursion, afin de jeter un coup d'œil sur le camp étalé dans le jardin, sur le déploiement de forces militaires autour du palais, en un mot sur tout ce qu'il pourrait être permis à des yeux féminins de contempler, de l'aspect général d'un lieu si intéressant en ce moment par les affaires importantes qui s'y traitent.

J'ai fait toutes les démarches possibles pour parvenir à être admise dans la salle des séances, et je n'ai pas manqué d'amis qui se sont intéressés en ma faveur... mais en vain. Aucune femme n'a été admise aux débats. Je n'oserais prendre sur moi de décider si les regrets de mon sexe ont été diminués ou augmentés par les rapports journaliers qui sont publiés sur la conduite des prisonniers. *C'est égal.* Que nous le désirions ou non, il est bien sûr que nous n'entrerons pas. On dit, à la vérité, que, dans une des tribunes réservées pour le public, on a vu une petite main blanche caresser les cheveux noirs qui ornaient la tête d'un jeune garçon, et l'on ajoute que ce jeune garçon s'appelait George Sand; mais je crois que c'est là le seul exemple où les limites de la salle d'audience aient été franchies par qui que ce soit dépourvu de l'important symbole de la puissance, de *la barbe au menton.*

En attendant, le modeste projet que nous avions formé de regarder au moins les murs qui renferment ces bruyans séditieux et leurs patiens juges, a été à la fin heureusement exécuté et nous a procuré beaucoup d'amusement.

Notre société accoutumée se trouvait cette

fois augmentée de deux aimables Français, qui avaient promis de nous expliquer tous les signes ou symboles qui pourraient frapper nos regards et que nous aurions quelque peine à comprendre. Le temps était délicieux; nous résolûmes de nous rendre à pied au lieu de notre destination, et de nous reposer à notre retour en nous faisant cahoter dans un doux fiacre.

Les Tuileries se trouvant dans notre route, cette considération acheva de nous décider, et, comme de coutume, nous passâmes une demi-heure délicieuse assis sous les arbres de ce jardin.

Toutes les fois que six ou huit personnes veulent s'entretenir ensemble, non pas deux à deux, mais en conversation générale, je leur conseille de choisir précisément le lieu que nous occupâmes, nos chaises aussi rapprochées que possible, de façon que chacun de nous pouvait entendre et être entendu.

Notre conversation roula sur les diverses estampes que nous avions vues en passant, exposées en vente sur les boulevarts, et quoique nos deux Français fussent très bons amis, il était évident qu'ils n'avaient pas la même opinion politique, de sorte que nous eûmes le plaisir d'entendre quelques petites disputes fort divertissantes.

Nous avions constamment remarqué une foule de portraits représentant un jeune homme d'une figure aimable et d'une tournure élégante; quelquefois ces estampes ne portaient point de lettres, et cependant ce n'étaient pas des épreuves; d'autres fois on y lisait le seul mot HENRI, et une touffe de cette jolie fleur que nous appelons : *Ne m'oubliez pas;* d'autres fois encore le nom de *duc de Bordeaux.* Comme nous passions ce matin devant une grande boutique sur le boulevart, je remarquai une estampe nouvelle : c'était une jolie lithographie, ressemblant à une miniature originale qui m'avait été montrée dans une de mes visites au faubourg Saint-Germain. Je m'arrêtai pour l'acheter, et ayant écrit mon nom sur l'enveloppe, je dis au marchand de la faire porter chez moi.

M. P..., qui se trouvait à côté de moi quand

je m'arrêtai, me confirma dans l'opinion que ce portrait était en effet fort ressemblant : car il connaissait l'original, et quoiqu'il parlât peu sur ce sujet, il était aisé de voir qu'il ressentait au fond du cœur un grand attachement et pour *la cause* et pour son jeune héros.

M. de L..., qui marchait derrière nous, s'approcha au moment où je faisais mon emplette, et dit, en souriant :

« Je vois tout ce que vous faites, et si vous et M. P... continuez à causer ensemble, je suis sûr que vous aurez tramé quelque grand complot avant d'arriver au Luxembourg. »

Quand nous fûmes assis dans le jardin des Tuileries, M. de L... renouvela son attaque et me reprocha ma conduite séditieuse, en encourageant le marchand qui vendait une gravure prohibée. Il ajouta qu'il croirait remplir un devoir en nous envoyant, M. P... et moi, coucher au Luxembourg avec les autres conspirateurs.

« Le complot dont je me suis rendu coupable, répondit M. P..., n'est que spéculatif. Tout ce que nous pouvons faire à présent est que de regretter que les choses n'aillent pas précisément comme elles devraient aller, et de remercier le ciel de ce qu'elles ne vont pas tout-à-fait aussi mal qu'elles pourraient aller. »

« Je suis bien aise que vous admettiez au moins cela, mon cher, répondit son ami; oui, je pense qu'en effet les choses iraient plus mal si des chenapans comme ceux qui sont là bas devenaient les maîtres. »

En parlant ainsi, il jetait les yeux sur trois jeunes gens qui avançaient dans l'allée où nous étions, et qui paraissaient fort occupés d'une affaire très importante. On eût dit des caricatures vivantes.

C'étaient des républicains. On voit continuellement des figures de ce genre marchant fièrement sur les boulevards, ou se promenant dans les allées des Tuileries, ou errant en groupes sinistres dans le bois de Boulogne, chacun d'eux se croyant tout au moins le front d'un Brutus et le cœur d'un Caton. Mais dans quelque lieu et dans quelque moment que vous les rencontriez, il est impossible de jamais les méconnaître. Il n'y a pas d'enfant de dix ans à Paris qui, dès qu'il les voit, ne puisse vous dire : Voilà des républicains. J'ai vu chez plusieurs marchands d'estampes une clé de leur toilette mystique, au moyen de laquelle les profanes peuvent facilement deviner leur énigme. Le point le plus important est un chapeau dont la forme, si elle était un peu plus haute, offrirait un cône parfait, et l'ombre de Cromwell se réjouit sans doute en voyant tant de têtes à l'envers imiter encore aujourd'hui sa coiffure. Puis viennent les longues tresses nattées qui retombent autour du cou dans leur effrayante malpropreté. Ce cou lui-même est dépourvu de cravate que remplace une terrible profusion de poils.

De même que le chapeau, le gilet porte un nom immortel : celui de ROBESPIERRE ! et la grandeur des principes de l'individu qui le porte se mesure d'après le plus ou moins d'étendue de ses vastes revers. Pour le reste, un air de maligne et sauvage scélératesse achève l'extérieur d'un républicain de Paris en l'an de grâce 1835.

Comment pourrais-je vous décrire les grimaces par lesquelles j'ai vu défigurer les traits des personnes qui portaient ce costume de mascarade ! Les uns roulent la prunelle et froncent le sourcil, comme s'ils voulaient faire peur au monde entier; d'autres tiennent les yeux attachés sur la terre en une sombre et funeste méditation ; tandis que d'autres encore, appuyés en silence contre une statue ou un arbre, donnent à leurs regards une signification si effrayante qu'ils semblent dire avec les sorcières de Macbeth :

Il le faut, nous voulons; il le faut, nous voulons,
Avoir encor du sang, devenir plus terribles,
Devenir plus terribles, etc.

Les trois jeunes gens qui venaient de passer devant nous étaient précisément de cette espèce. Notre ami le légitimiste les regarda aller et se mit à rire de grand cœur.

« *C'est à nous autres, mon cher*, dit M. de L..., de nous amuser de ce spectacle. Vous et les vôtres n'auriez guère de quoi rire si nous ne nous occupions pas à empêcher ces hommes de vous faire du mal. Vous pouvez rendre grâce aux soixante mille gardes nationaux de Paris si vous êtes encore en état de vous moquer avec une si douce sensation de sécurité, de ces féroces personnages. »

« Oh! pour cela, répondit M. P..., je les en remercie sincèrement ; seulement je pense que l'affaire eût été tout aussi bien faite si ceux qui s'en sont mêlés en avaient eu le droit. »

— « Bah! N'avez-vous pas essayé et n'avez-vous pas reconnu que vous ne pouviez vous en tirer? »

« Il me semble, mon ami, reprit le légitimiste, que nous nous en tirions assez bien, et que nous savions tenir en respect les esprits inquiets, quand vous êtes arrivés et avez promis un jour de congé à tous les gamins de Paris s'ils voulaient vous donner le pouvoir. Ils l'ont fait ; ils ont eu un jour de congé, et maintenant... »

« Et maintenant, dis-je à mon tour, qu'est-ce qui va arriver? »

Ces deux messieurs me répondirent à la fois.

« Des émeutes », dit le légitimiste.

« L'ordre », dit le doctrinaire.

Nous continuâmes notre promenade, et, ayant traversé le pont Royal, nous suivîmes le quai Voltaire pour éviter la rue du Bac qui, malgré les éloges de madame de Staël, vaut beaucoup mieux de loin que de près.

Si ce n'était l'antipathie innée des Anglais pour s'arrêter devant les boutiques, on pourrait s'amuser pendant une matinée entière sur le quai Voltaire. D'abord la série de portraits de personnages célèbres à cinq sous pièce, dans le nombre desquels il y a des têtes dignes d'être étudiées, même dans ces grossières lithographies; puis les bouquinistes étalant des livres vieux et neufs, beaux, rares ou sans valeur; puis les marchands d'estampes de prix également variés; puis les *articles d'occasion* de toute espèce; puis surtout les magnifiques collections, vrais musées d'anciens meubles sculptés et dorés, de chaises monstrueuses, d'étonnans candelabres, de grotesques pendules et d'ornemens sans nom. C'est ici que l'opulent amateur de la massive splendeur du siècle de Louis XV arrive la bourse bien garnie et la remporte vide. On dit que la famille royale actuelle de France a le goût de ce style noble mais lourd, et que les voitures de la cour s'arrêtent souvent devant ces magasins, auxquels on pourrait donner tous les noms qu'on voudrait, excepté celui de *magasins de nouveautés*, et qui ressemblent, au premier aspect, à la boutique d'un prêteur sur gages.

Durant cette promenade sur le quai Voltaire, je vis pour la première fois une suite de portraits d'hommes de mauvaise mine. Leurs noms étaient écrits au bas, avec le titre courant de : *Prévenus d'avril*. Si les ressemblances sont fidèles, il faut convenir que les originaux sont fort à plaindre, car ils semblent avoir été prédestinés par la nature au mal qu'ils ont fait. Chacun d'eux paraît « digne d'être un rebelle »; car toutes les scélératesses de la nature se montrent en foule sur sa physionomie. Ne dirait-on pas que les matériaux nécessaires pour produire une révolte, étaient les mêmes du temps de Shakspeare qu'ils le sont aujourd'hui? Si ce sont là des portraits, les originaux ne pourront se plaindre d'aucune caricature;

car il serait impossible de rien ajouter en eux aux scélératesses de la nature.

Dans la conversation qu'amena l'examen des portraits des *prévenus d'avril*, mes deux Français se montrèrent, en apparence, parfaitement d'accord; le légitimiste avouant qu'un roi, quel qu'il fût, valait mieux que pas de roi du tout, et le doctrinaire déclarant qu'il eût préféré que la France n'eût pas eu sa glorieuse et immortelle révolution, plutôt que de la voir exposée à celle que MM. les prévenus voudraient lui faire subir.

Étant arrivés aux limites du pays *latin*, nous prîmes plaisir à faire nos réflexions sur le penchant que manifestent de très jeunes gens, encore soumis à la loi paternelle, pour la destruction de toute espèce d'autorité ou de discipline. Aussi les murs de ce quartier sont couverts d'inscriptions tracées dans cet esprit. C'est : « *A bas Philippe!* » — « Les pairs sont des assassins! » — « Vive la république! », et autres de ce genre. Des poires de toutes les grandeurs et de toutes les formes, avec des traits pour marquer la place des yeux, du nez et de la bouche, frappent de tous côtés les regards, et sont l'emblème du mépris des jeunes étudians pour le monarque régnant. Ces mêmes jeunes gens, si amateurs du désordre, ont donné, il y a quelques jours, une preuve plus frappante encore de leur haine pour l'autorité, en s'assemblant au nombre de quatre à cinq cents pour suivre avec des cris et des sifflets M. Royer-Collard, professeur de médecine nouvellement nommé, depuis l'école jusqu'à sa maison dans la rue de Provence.

Dans les occasions de ce genre, le gouvernement français, comme tout autre, ferait fort bien de suivre l'exemple donné par une admirable manœuvre du maréchal Lobau, commandant en chef de la garde nationale. Cette anecdote est, je crois, généralement connue, mais, dans l'espoir que vous ne l'aurez peut-être pas entendu raconter, je vais me donner le petit plaisir de répéter une histoire qui, je l'avoue, est du nombre de celles qui m'amusent infiniment; et il vaut mieux que je coure le risque de vous dire une chose que vous savez déjà, plutôt que de vous la laisser ignorer tout-à-fait.

Une bande de *jeunes gens de Paris*, qui essayaient de faire une petite émeute républicaine, s'était rassemblée dans la place Vendôme. On battit le rappel, le commandant arriva. Les jeunes mécontens serrèrent les rangs, tirèrent leurs couteaux de poche et leurs badines, et s'apprêtèrent à faire bonne défense. Le général donna tout bas ses ordres à un aide-de-camp, qui s'éloigna et revint quelques instans après de la rue de la Paix avec un objet qui ressemblait terriblement à un canon. Était-ce réellement un canon?... Je ne sais; mais il était entouré d'un détachement de militaires en casques, qui le firent retourner avec une adresse merveilleuse, et s'avancèrent vers l'endroit où le rassemblement était le plus nombreux. Le commandement fut donné, et au bout de deux minutes, toute l'armée ennemie fut trempée des pieds jusqu'à la tête.

Des personnes qui ont été témoins de cette mémorable déroute, dans laquelle les pompiers suivaient, leurs tuyaux de cuir à la main, les héros qui décampaient, assurent que jamais manœuvre militaire ne produisit une évacuation de troupes aussi rapide. Je trouve dans l'ensemble de cette conduite de la garde nationale, quelque chose qui indique d'une manière frappante l'esprit tranquille et dédaigneux avec lequel ces puissans gardiens du gouvernement existant, contemplent leurs ennemis républicains.

Etant arrivés au Luxembourg et ayant pénétré dans le jardin, nous nous assîmes, afin de pouvoir, à notre aise, contempler une scène qui non seulement était tout-à-fait neuve pour nous, mais encore fort singulière pour tous ceux qui connaissaient l'aspect habituel du lieu.

Au milieu des lilas et des roses, un petit camp de tentes blanches offrait une apparence militaire. Des faisceaux d'armes, des tambours, et tout ce qui annonce la guerre, apparaissaient parmi ces tentes, tandis que des soldats épars, fumant, buvant ou dormant, achevaient de donner à la scène un aspect extraordinaire.

Je crois que, dans toute la France, nous n'aurions pu trouver un endroit où les deux Français qui nous accompagnaient auraient eu tant d'occasions d'être du même avis. La conversation fut, d'après cela, non-seulement très amicale, mais courut même le risque de devenir ennuyeuse par l'effet d'une trop grande uniformité d'opinion ; car les évènemens qui avaient amené le procès des prévenus d'avril, furent condamnés par nous, d'une voix unanime.

M. de L... nous fit part de quelques anecdotes concernant un ou deux des individus les plus connus parmi les accusés ; et quand nous lui demandâmes des détails sur les autres, il s'écria avec indignation dans les vers de Corneille :

> Le reste ne vaut pas l'honneur d'être nommés :
> Un tas d'hommes perdus de dettes et de crimes,
> Que pressent de nos lois les ordres légitimes,
> Et qui, désespérant de les plus éviter,
> Si tout n'est renversé ne sauraient subsister.

« *Bene trovato !* s'écria P..., vous n'auriez pas pu mieux les décrire; mais... »

Ce mais aurait probablement amené une discussion qui aurait troublé la *belle harmonie* qui régnait parmi nous, si un peu de bruit dans les arbres, à peu de distance, n'avait mis fin à notre séance.

Il paraît que, depuis le commencement du procès, la principale consigne des gendarmes (je demande pardon, j'aurais dû dire : de la garde municipale) est d'empêcher toute formation de groupes pour se livrer à la conversation dans les cours et jardins du Luxembourg. Toutes les fois que deux ou trois personnes paraissent vouloir rester ensemble à la même place, un agent de police s'approche d'elles et leur dit d'un ton d'autorité : « *Circulez, messieurs, circulez, s'il vous plaît.* » Le motif de cette précaution est que, tous les soirs, à la porte Saint-Martin, une centaine de jeunes gens s'assemblent et font un bruit fort ridicule et qui ne signifie rien, mais dont ils espèrent que le retentissement, passant de rue en rue, finira par obtenir, dans la voix publique, le nom d'*émeute*. Nous sommes maintenant si accoutumés à ces innocentes petites émeutes de la porte Saint-Martin, que nous ne les craignons pas plus que le maréchal Lobau lui-même. Néanmoins, on a cru nécessaire de prévenir tout ce qui pourrait offrir l'apparence d'un rassemblement dans les environs du Luxembourg, de peur que la renommée aux cent voix, qui chaque soir change en émeute les cris de quelques ouvriers oisifs, ne fasse courir en France le bruit que le Luxembourg est assiégé par le peuple.

Le bruit qui nous avait dérangé était occasioné par un rassemblement d'une douzaine de personnes, au milieu desquelles se trouvait un agent de police; en même temps nous entendîmes parler d'une *arrestation*. Cependant, en moins de cinq minutes, il n'y parut plus; mais nous remarquâmes deux figures si pittoresques dans leur républicanisme, que nous reprîmes nos places pendant que l'un d'entre nous les dessinait, et nous nous amusâmes à deviner quelles pouvaient être les paroles qu'ils s'adressaient tout bas avec tant de mystère.

« Voici sans aucun doute leur conversation, nous dit M. de L... : *Ce soir... à la porte Saint-Martin! — J'y serai!* »

LETTRE XXV.

La Chapelle expiatoire. — Les Statues. — Personnes qui la fréquentent. — Le Marché aux fleurs de la Madeleine. — Visité par les petites-maîtresses.

———

De tous les édifices qui ont été achevés à Paris depuis mon dernier voyage, il n'y en a point qui me plaise comme la petite *chapelle expiatoire* érigée à la mémoire de Louis XVI et de sa belle et malheureuse reine.

Ce monument projeté et commencé par Louis XVIII, fut achevé par Charles X. Il s'élève sur l'emplacement où furent jetées une foule de victimes, massacrées en 1793 par la tyrannique populace. Le bruit de la destruction des restes royaux par de la chaux vive, fut, dit-on, répandu exprès pour empêcher qu'on ne les cherchât, ce qui aurait pu occasioner, peut-être, une dangereuse réaction dans l'esprit de la capricieuse populace.

Ces corps, et plusieurs autres, furent placés dans des cercueils qui, portant le nom des victimes, demeurèrent, long-temps encore après la révolution, enterrés dans un grand chantier, à peu de distance du lieu de l'exécution. Tout le monde savait qu'une vaste fosse creusée en ce lieu renfermait ces funestes reliques, mais leur modeste sépulture resta intacte jusqu'après la restauration, quand une recherche fut faite, et les corps des augustes guillotinés furent trouvés.

Leurs ossemens furent portés ensuite à l'antique église de Saint-Denis; mais le lieu où ils avaient si long-temps reposé fut consacré, et est devenu maintenant le site de cette belle petite chapelle expiatoire.

Le terrain au milieu duquel cet édifice se trouve placé est considérable. Il s'étend depuis la rue de l'Arcade jusqu'à la rue d'Anjou. Ce terrain est entouré de rangs serrés de cyprès protégés par de fortes palissades peintes avec goût. L'édifice lui-même, et tout ce qui l'accompagne, est du meilleur goût : simple, gracieux et grave.

L'intérieur forme une petite croix grecque, chaque extrémité de laquelle se termine en un demi-cercle surmonté d'un demi-dôme. L'espace qui est au-dessous du dôme central est occupé par des chaises et des bancs recouverts en velours cramoisi, à l'usage des fidèles, fidèles sous tous les rapports, qui viennent assister à la messe que l'on célèbre ici tous les jours.

Tant que la fille du monarque assassiné habita Paris, il se passait peu de jours où elle ne vînt déposer ses peines au pied de l'autel expiatoire.

Une des quatre extrémités circulaires est occupée par l'autel; en face se trouve l'entrée, et les deux autres sont remplies par deux groupes de marbre blanc, d'une heureuse et touchante composition. Celui qui est à droite de l'autel représente Marie-Antoinette agenouillée devant une croix, soutenue par un ange, et celui de gauche, le monarque si indignement assassiné, dont elle partagea la destinée aussi cruelle que peu méritée. Sur le piédestal de la statue du roi, on a inscrit son testament; sur celui de la reine, sa lettre d'adieu à madame Elisabeth.

Il est impossible de rien voir de plus pur et de plus délicat que le petit nombre d'ornemens qui décorent cette chapelle. Ils ne se composent, si je me les rappelle bien, que de candélabres dorés placés dans des niches pratiquées dans les murs de marbre blanc. L'effet de l'ensemble est beau et frappant. J'y vais souvent; et pourtant j'ai peine à comprendre d'où naît le charme qui m'attire dans ce petit édifice et à cette messe qui s'y célèbre sans musique et dans un profond silence. La distance n'est pas grande de l'appartement que nous occupons, rue de Provence, et la promenade remplit exactement le temps qui précède le déjeuner. J'y suis allée une fois un dimanche matin avec une partie de ma famille, et je trouvai la chapelle si pleine, qu'il était impossible de juger de l'élégante beauté de ses proportions. Les pâles images des augustes morts n'étaient plus les principaux objets qui fixaient mes regards, et, quoique je ne doute pas que toutes les personnes présentes ne fussent de ces esprits fidèles avec les sentimens desquels j'étais fort disposée à sympathiser, je cherchai, mais en vain, à lire sur ces fronts attristés l'histoire de chaque individu, et à y rattacher un roman, comme j'ai coutume de le faire dans mes visites des jours de la semaine.

Il y a, par exemple, deux dames que j'y vois toujours, et toujours à la même place et dans la même attitude. Je suis bien certaine que la plus âgée des deux doit avoir passé sa jeunesse auprès de Marie-Antoinette; car c'est au pied de sa statue qu'elle s'agenouille, ou plutôt se prosterne, car elle jette les bras en avant sur un coussin qui est placé devant elle, et laisse retomber sur eux sa tête appesantie par les années, avec un air de douleur qu'il me serait impossible de décrire.

La jeune personne, qui toujours l'accompagne et se met à genoux près d'elle, est, je pense, sa petite-fille. L'une et l'autre ont la noblesse de leur origine empreinte sur chacun de leurs traits en caractères que l'on ne saurait méconnaître.

La vieille dame est fort pâle, et la jeunesse de l'autre ne paraît pas se passer dans la gaieté et les plaisirs.

Je vois aussi un vieillard, constant dans ses visites à cette triste chapelle. Il offre un parfait modèle du bon vieux temps; mais son front porte une expression à la fois sévère et triste qui paraît être l'exacte contre-partie, modifiée par la différence des sexes, de ce qui se passe dans le cœur de la dame du côté opposé. Ce sont là des figures qui font reculer d'un demi-siècle mes réflexions, et quand je les vois assistant à une messe pour le repos de l'ame de Louis XVI et de Marie-Antoinette, mon imagination est exaltée à un point incroyable.

J'ai essayé de décrire ce lieu funèbre et ce que j'y ai vu avec d'autant plus de détails que, tout facile qu'en est l'accès, vous pourriez aller dix fois à Paris sans le voir, ce qui arrive en effet à des centaines de voyageurs anglais. La principale cause en est qu'il ne s'ouvre pas au public comme un monument curieux, et que l'on n'y peut entrer qu'au moment de la messe, qui se dit à une heure fort incommode de la matinée.

Cet édifice sacré, ne pouvant pas strictement être considéré comme un monument public, on aurait bien pu lui épargner la décoration du drapeau tricolore.

Non loin de cette chapelle se trouve un autre établissement d'un genre bien différent; c'est le marché aux fleurs, qui se tient maintenant sous les murs et près des colonnes de la majestueuse église de la Madeleine. Cette belle collection de fleurs me semble produire, par sa situation, un effet très singulier; les attributs respectifs de l'art et de la nature paraissent renversés : ici l'art paraît sublime, vaste et durable, et la nature petite, fragile et passagère.

Il m'est souvent arrivé, après avoir contemplé un objet d'art jusqu'à ce que mon admiration se soit changée en enthousiasme, d'aller chercher ensuite quelque merveilleuse combinaison de montagnes et de vallées, de rochers et de rivières, de forêts et de cataractes, et, en fixant les regards sur eux, j'éprouvais comme un sentiment de honte d'avoir permis aux ouvrages de l'homme de produire sur moi une extase presque aussi grande. Ici, au contraire, quand je lève les yeux de l'amas de petites fleurs de mille couleurs vers la simple et solennelle magnificence de cette longue colonnade, avec sa blancheur éblouissante et sa solide majesté pleine de force et de grâce, je me sens presque disposée à nous trouver fort ridicules, moi et ceux qui m'entourent, de nous occuper si fort des roses, des œillets et des résédas à nos pieds.

Mettant toutefois de côté toutes réflexions philosophiques sur sa position locale, ce nouveau marché aux fleurs est une délicieuse acquisition pour les petites-maîtresses de Paris. Depuis long-temps nous nous proposions d'aller visiter un jour le marché aux fleurs, sur son quai éloigné, près de Notre-Dame; et, quoique sa beauté et le parfum qu'il exhale puissent bien dédommager de la perte de quelques momens de sommeil, il est certain que les brillantes décorations qu'il offre au boudoir, y doivent être bien plus souvent choisies par le *maître d'hôtel* ou la *femme de chambre* que par la belle dame elle-même. Maintenant nous pouvons, trois fois par semaine, voir le nouveau marché fréquenté par une foule de jeunes femmes dans ce déshabillé piquant et gracieux qui, réunissant une coquetterie soignée à une maligne indifférence, donne un charme inexprimable à la toilette du matin d'une jolie Française.

Plus d'une fois, en effet, on rencontre sur la place de la Madeleine des figures comme celles que je viens de décrire, qui, suivies d'une soubrette bien mise, viennent faire leur provision de fleurs, avant que la fraîcheur ait quitté leurs yeux ou les roses qu'elles achètent. La robe blanche faite en forme de peignoir, les cheveux en papillotes, le chapeau de paille tout uni, baissé sur les yeux, et le vaste châle couvrant la toilette tout entière, suffiraient pour déguiser complètement l'élégante qui parcourt ces allées parfumées, si l'œil exercé ne reconnaissait qu'un voile de dentelle fine sert à nouer le simple bonnet sous le menton, que le châle est de cachemire, et que la petite main qui se dégante pour toucher un myrte ou une fleur d'oranger est blanche comme cette fleur.

LETTRE XXVI.

Comparaison entre les idées de décence en France et en Angleterre.—Causes de la différence qu'elles présentent.

Il n'y a rien, peut-être, qui marque plus fortement la différence entre les mœurs de la France et celles de l'Angleterre, que les idées différentes que l'on s'y forme de ce qui est ou non modeste et décent. Je ne crois pas non plus que toute l'intimité qui s'est établie depuis vingt ans dans les relations entre les deux nations, ait apporté aucune modification à leurs opinions à cet égard.

Je pense, toutefois, que cette différence est plus superficielle que beaucoup de personnes ne se l'imaginent; et qu'elle provient en grande partie, plutôt de circonstances accessoires que d'aucune variété innée dans la capacité des deux nations pour le perfectionnement et la civilisation.

Ce qui frappe évidemment le plus sous ce rapport, est l'étonnante liberté avec laquelle on parle ici, dans la meilleure société, de choses auxquelles, chez nous, les classes les plus humbles s'abstiennent soigneusement de faire la moindre allusion. Il paraît que l'opinion de Martine ne lui est pas particulière, et que l'on pense assez généralement comme elle que

Quand on se fait entendre, on parle toujours bien.

Sous d'autres rapports, on ne peut s'empêcher de reconnaître qu'il existe en France un défaut bien visible de ce que nous appelons *refinement*, quand on compare ce pays avec l'Angleterre. Je ne crois pas que jamais Anglais soit revenu d'un voyage à Paris sans rendre témoignage à la vérité de ce fait, et, nonobstant la gallomanie qui règne parmi nous, tous reconnaissent que, quelque frappantes que soient l'élégance et la grâce des classes élevées, ils remarquent toujours dans la nation le manque de cette délicatesse générale à laquelle tout ce qui est au-dessus de la dernière populace attache chez nous un si grand prix. On voit ici des spectacles, et l'on supporte des désagrémens qui nous feraient devenir fous au mois de juillet et nous pendre au mois de novembre.

Il serait plus qu'inutile de fixer votre attention sur un fait si connu et si peu agréable, si ce n'est qu'il peut être intéressant d'examiner comment différentes circonstances, qui en apparence n'ont rien de commun entre elles, se rattachent pourtant les unes aux autres et forment un tout. Il fut certainement un temps où il était d'usage en Angleterre, comme il l'est maintenant en France, d'appeler les choses par leurs véritables noms. On en trouverait des preuves bien graves jusque dans des sermons, et à plus forte raison dans des traités, des essais, des poèmes, des romans et des comédies. Je dirai même que, si nous devions former nos idées du ton de la conversation en Angleterre, il y a un siècle, d'après le dialogue des comédies écrites et jouées à cette époque, nous serions obligés de reconnaître que nous étions alors plus éloignés de cette délicatesse, dont nous nous glorifions, que ne le sont aujourd'hui nos voisins les Français.

En ceci je ne fais point allusion à la licence des mœurs ou au grossier aveu de cette licence, mais à un genre particulier de susceptibilité, dont le défaut peut être très compatible avec la vertu, comme sa possession n'offre malheureusement aucune garantie contre le vice.

Je soupçonne que si nous nous sommes corrigés de cette grossièreté, nous le devons beaucoup plus aux grandes richesses de l'Angleterre qu'à la sévérité de sa vertu. Vous direz peut-être que je me suis éloignée, à une immense distance, du point d'où j'étais partie; mais je ne le pense pas : autant en France qu'en Angleterre, je trouve une foule de motifs pour croire que j'ai raison de chercher cette différence remarquable entre les deux pays, moins dans les dispositions ou le caractère matériel du peuple, que dans les facilités accidentelles de perfectionnement qui ont été offertes à l'un d'eux et refusées à l'autre. Il serait facile, en consultant les divers ouvrages dont je viens de parler, de constater si effectivement l'augmentation de la susceptibilité en Angleterre a été graduelle, et si elle a effectivement suivi, dans une proportion exacte, l'augmentation de ses richesses et le soin que l'on y prend d'éloigner de la vue tout ce qui peut choquer les sens.

Quand nous cessons de voir, d'entendre et de sentir des choses désagréables, il est naturel que nous cessions d'en parler; et je crois qu'il est tout-à-fait certain que les Anglais se donnent plus de peine qu'aucun autre peuple du monde pour que les sens, ces instrumens qui transmettent les sensations du corps à l'ame, lui portent, aussi peu que possible, les nouvelles de ce qui s'y passe de désagréable

Tout le continent de l'Europe, à l'exception peut-être d'une partie de la Hollande (qui sous beaucoup de rapports montre une sympathie fraternelle avec nous), peut être cité pour son infériorité sous ce rapport, en comparaison de l'Angleterre. Je me rappelle qu'en débarquant l'année dernière à Calais, je m'amusai beaucoup de la réponse d'un voyageur expérimenté à un novice qui faisait sa première excursion.

« Quelle détestable odeur! » dit le jeune étranger, en se couvrant le nez de son mouchoir.

« C'est l'odeur du continent, monsieur, » répondit l'homme d'expérience; et cela était vrai.

Il y a des détails sur lesquels il est tout-à-fait impossible de s'arrêter, et qui malheureusement n'exigent pas de plume pour les indiquer à l'attention. Je souhaiterais, s'il était possible, les laisser plus dans l'ombre que je ne les trouve. Mais il y en a d'autres, qui tous proviennent de la pauvreté comparative du peuple, et qui tendent à produire, par l'enchaînement naturel des causes et des effets, le manque de délicatessse dont je parle.

On n'a qu'à examiner la disposition intérieure de l'habitation d'une famille parisienne dans les classes moyennes, et la comparer à la maison qu'occupe à Londres une famille de la même classe. Comme tout ce qui appartient à la décoration s'obtient à *bon marché* à Paris, nous trouvons tous les objets d'ornemens en profusion dans cette demeure; les glaces, les rideaux de soie, les dorures sous toutes les formes, les vases de porcelaine, les lampes d'albâtre, et les pendules sur lesquelles la marche du temps, qui ne recule jamais, se marque avec une grâce et un charme qui fait oublier ce qu'elle a de solennel. La dixième partie d'un mobilier de ce genre, que l'on regarde comme nécessaire dans un logement modeste à Paris, rendrait une petite-maîtresse de Londres l'objet de l'envie de toutes ses voisines.

Mais après avoir admiré le nombre de ces objets de luxe et l'élégance de leur arrangement, allez plus loin, et entrez dans les chambres à coucher ordinaires; entrez même dans la cuisine, et vous reconnaîtrez sur-le-champ l'immense différence entre les deux habitations.

A Londres l'eau monte jusqu'au second et souvent même jusqu'au troisième étage, et se trouve partout en abondance, sans que les domestiques aient d'autre peine à prendre pour se la procurer que de tourner un robinet. Le même avantage se trouve toujours dans une cuisine, généralement dans deux, et souvent dans trois de la même maison. Quand de l'autre côté on songe que presque tous les ménages de Paris ne reçoivent, de ce précieux don de la nature, la quantité dont ils ont besoin pour les usages les plus indispensables, que par deux seaux à la fois, péniblement montés jusque chez eux par des porteurs d'eau en sabots, arrivant par le même escalier qui conduit à leur salon de compagnie, il est évident que l'usage ne saurait en être aussi fréquent que chez nous et qu'il doit être impossible de le répandre avec autant de profusion.

A la vérité cet inconvénient est en quelque façon compensé par le bon marché des bains publics, et la facilité avec laquelle on y arrive. Mais quoique la propreté du corps puisse être de cette façon convenablement entretenue par les personnes qui ne regardent pas comme indispensable de trouver toutes leurs aises sans sortir de chez elles, il n'en est pas moins vrai que le manque d'eau ou du moins sa rareté est un obstacle à cette perfection de propreté dans toutes les parties de la maison, que nous regardons comme nécessaire à notre bonheur.

Quelle que soit mon admiration pour l'église de la Madeleine, je pense qu'il eût été bien plus avantageux pour la ville de Paris de consacrer les sommes qu'elle a coûtées à bâtir, à la construction et à la pose de tuyaux pour la distribution des eaux dans les maisons particulières.

Mais quelque grands et quelque nombreux que soient les inconvéniens qui résultent de la rareté d'eau dans les chambres à coucher et dans les cuisines de Paris, il y a un autre défaut bien plus grand et dont les effets sont bien plus graves.

Le défaut d'égouts et de puisards est commun à toutes les villes de France, et il est terrible. Il me semble naturel et inévitable qu'un peuple qui, en naissant, est obligé de plier ses sens à supporter sans se plaindre les souffrances auxquelles un pareil défaut le condamne; il est naturel, dis-je, que ce peuple soit moins délicat ou moins susceptible que nous dans ses pensées et ses paroles. Vous voyez que, comme un prédicateur, j'ai fini par revenir à mon texte, et que j'ai expliqué, à ce que je crois, d'une manière satisfaisante ce que j'ai voulu dire, en remarquant que le défaut de délicatesse qui nous choque si souvent en France ne provient point d'une grossièreté naturelle d'esprit, mais qu'il est le résultat inévitable de circonstances qui changeront sans doute à mesure que les richesses du peuple augmenteront et qu'il se familiarisera davantage avec les mœurs de l'Angleterre.

Cet éloignement de tout ce qui peut choquer les sens, cette habitude de caresser en quelque sorte l'ame, par l'absence de tout ce qui peut lui causer une sensation pénible, est probablement le dernier point auquel l'esprit d'invention de l'homme peut arriver dans ses efforts pour embellir l'existence. La variété dans les plaisirs et les amusemens est certainement une moins grande preuve de civilisation que ce soin minutieux d'éviter ce qui est désagréable; et il est possible que, puisque nous avons surpassé toutes les nations modernes dans cette espèce de sybaritisme, nous soyons aussi les premiers à tomber de la hauteur où nous nous sommes placés pour être engloutis dans le gouffre du passé où la Grèce et Rome ont péri. Est-ce ainsi qu'il faut interpréter le bill de la réforme et tous les horribles bills qu'il a entraînés après lui?

Quant à cette autre espèce de perfectionnement, qui appartient tout entière à l'intelligence, et qui, s'il frappe moins les regards au premier aspect, est néanmoins d'une teinte plus foncée et plus durable que ce qui ne tient qu'aux manières, il est moins facile d'y penser et d'en parler avec assurance. La France et l'Angleterre possèdent l'une et l'autre une si longue liste de grands noms que chacune d'elles peut citer à l'appui de leurs prétentions à la palme littéraire, que la meilleure manière, selon moi, de terminer la dispute, est de reconnaître que chaque nation a raison de préférer ce qu'elle a produit elle-même. Mais, hélas! dans le moment actuel, elles n'ont pas de quoi se vanter ni l'une ni l'autre. Ce qu'elles ont encore de bon est oppressé et étouffé par le mauvais. La presse licencieuse des deux pays a depuis quelques années inondé la littérature d'une si immense quantité de mauvais livres, qu'il serait difficile de dire si c'est en France ou en Angleterre qu'il y aurait plus de danger à permettre aux ames jeunes et pures de lire indifféremment tout ce qui se publie.

Je pense qu'on ne disconviendra pas que l'école de Hugo a mêlé plus de ridicule au mal; mais il ne serait pas impossible que cette circonstance même servît de contre-poison à ses ouvrages. C'est une espèce de mystification qui passera de mode plus promptement encore que les pilules du docteur Morrison. Nous ne possédons rien d'aussi absurde que cela ; mais nous avons des ouvrages qui seront infiniment plus funestes à notre prospérité nationale.

Pour ce qui regarde la distinction entre ce qui est moral et non, quoiqu'au premier aspect la question puisse paraître assez simple, la solution n'en est pas moins difficile. En parcourant l'autre jour un volume d'*Adèle et Théodore*, ouvrage écrit spécialement *sur l'éducation*, et par un auteur que nous avons tout lieu de croire sincère dans ce qu'elle dit, j'ai trouvé le passage suivant :

« Je ne connais que trois romans véritable-
« ment moraux : *Clarisse*, le plus beau de tous,
« *Grandison* et *Paméla*. Ma fille les lira en
« anglais lorsqu'elle aura dix-huit ans. »

Je veux bien laisser passer le vénérable Grandison, quoiqu'il ne soit nullement *sans tache*; mais qu'une mère permette à sa fille de *dix-huit* ans de lire les deux autres, c'est là un mystère difficile à comprendre, surtout dans un pays où les jeunes personnes sont élevées, soignées et tenues à l'abri de toute espèce de mal, avec la surveillance la plus active et la plus incessante. Je pense que madame de Genlis se sera dit que comme le but moral de ces ouvrages est bon, la grossièreté révoltante avec laquelle sont écrits quelques-uns de leurs passages les plus remarquables ne pouvait avoir aucun inconvénient. Mais c'est là un arrêt hardi et dangereux, quand il s'agit de diriger les études d'une jeune personne.

Il me semble que nous pouvons découvrir des symptômes du sentiment qui a dicté cet arrêt dans le ton de mordante satire dans lequel Molière attaque ceux qui voulaient bannir tout ce qui pouvait *faire insulte à la pudeur des femmes.* En lisant les paroles qu'il met dans la bouche de Philaminte, nous ne pouvons nous empêcher de rire de l'idée. Mais chez nous, Sheridan lui-même n'aurait pas osé tourner un pareil sujet en plaisanterie.

Mais le plus beau projet de notre académie,
Une entreprise noble et dont je suis ravie,

Un dessein plein de gloire, et qui sera vanté
Chez tous les beaux esprits de la postérité ;
C'est le retranchement de ces syllabes sales,
Qui, dans les plus beaux mots, produisent des scandales ;
Ces jouets éternels des sots de tous les temps ;
Ces fades lieux communs de nos méchans plaisans ;
Ces sources d'un amas d'équivoques infames,
Dont on vient faire insulte à la pudeur des femmes.

Une pareille académie pouvait être certainement une institution fort comique; mais les devoirs qu'elle aurait à remplir ne rendraient pas les fauteuils de ses membres des sinécures en France.

LETTRE XXVII.

Raisons pour ne pas nommer les individus dont j'ai occasion de parler.—Impossibilité d'éviter la politique.—Parce que et quoique.— Soirée des antithèses.

Il me serait fort agréable de pouvoir vous indiquer les noms de différentes personnes dont j'ai fait connaissance à Paris, et j'aimerais à décrire avec exactitude les salons dans lesquels je les ai rencontrées. Mais des convenances de tous genres me le défendent. Toutes les fois que les personnes jouissent d'une réputation telle que l'on peut répéter leurs noms comme un sujet de conversation ordinaire, je ne m'en fais aucun scrupule : un retentissement de plus ne peut faire aucun mal. Mais je ne serai jamais la première à nommer une personne au-delà de son propre cercle, soit pour la louer, soit pour la blâmer.

Il faut donc que je me borne à vous donner,

le plus exactement que je pourrai, une idée générale du ton et du style de ce que je vois et entends; et si je profite des conversations auxquelles j'assiste, ce sera de façon à éviter tout ce qui pourra ressembler à une allusion personnelle.

Toutefois, je ne me soumets pas sans regret à cette contrainte nécessaire. Elle privera une grande partie de ce que j'ai à vous dire du poids que lui aurait donné une autorité respectable; et quand je réfléchis à la différence qui, à plusieurs égards, se trouve entre la manière dont j'ai été frappée par les objets et celle qui a été publiquement proclamée par d'autres, je sens qu'il y a réellement quelque mérite de ma part à taire ce qui aurait pu donner à mes paroles un crédit que les assertions d'un simple voyageur ne peuvent guère espérer d'obtenir. Ceux qui savent tout ce que ma discrétion me coûte m'en sauront gré, et je serai suffisamment récompensée du silence que je m'impose si je prouve par là à mes amis que je n'étais pas indigne des flatteuses bontés dont ils m'ont comblée.

Nous reconnaissons tous que la politique nous ennuie, et la correspondance d'une femme, surtout, devrait être aussi exempte que possible de ce sujet, qui absorbe l'attention d'une manière si fatigante; mais si, dans la description morale d'une personne, nous omettions son cœur et sa tête, notre analyse ne serait pas moins défectueuse que si, faisant le portrait des Parisiens d'aujourd'hui, nous n'y accordions point de place à la politique.

L'air même qu'ils respirent est imprégné de politique. Si tous les mots qui servent à exprimer les distinctions des partis étaient bannis du langage ; si la malédiction de Babel tombait sur eux au point qu'aucun homme ne pût s'entretenir avec son voisin, les sentimens politiques trouveraient encore un organe pour se faire jour. L'un porterait un chapeau pointu et l'autre un chapeau à forme plate. Celle-ci se montrerait avec une ceinture tricolore, et celle-là avec une ceinture blanche. On verrait des hommes boutonnés jusqu'au menton, et d'autres dont les revers s'ouvriraient avec toute l'expansive liberté républicaine. Une classe ornerait de trophées la colonne de Napoléon, une, seconde se prosternerait devant l'autel expiatoire des Bourbons de la branche aînée ; une troisième se rangerait sous la sanglante bannière de Robespierre, en chantant la *Carmagnole*, pendant qu'une quatrième, de beaucoup la plus nombreuse, brosserait ses uniformes de gardes nationaux, veillerait à la prospérité de ses boutiques, et ferait, en bons camarades, un signe de tête à sa majesté le roi, toutes les fois qu'il passerait devant sa porte. Quelques-uns de mes amis étant entrés l'autre jour dans un magasin pour marchander quelques meubles, une des voitures de la cour vint à passer et quelqu'un dit : « C'est la reine, je crois. »

— « Oui, monsieur, répondit l'ébéniste, c'est la dame qu'il nous plaît aujourd'hui d'appeler la reine, et nous en avons bien le droit, puisque nous l'avons faite nous-mêmes ; et quand elle ne nous conviendra plus, nous en ferons une autre... Voulez-vous que je vous envoie cette table, monsieur ? »

Quand la politique se mêle avec tant de légéreté à toutes les occupations de la vie, comment serait-il possible de bannir totalement ce sujet de mes lettres, sans me priver du moyen de décrire les choses comme je les vois?

Puisqu'il en est ainsi, je ne saurais vous promettre de ne plus vous entretenir de ce sujet dans ma correspondance, mais je tâcherai cependant de l'y faire prédominer le moins possible. A la vérité, si je pouvais me flatter de rendre exactement le ton léger avec lequel ces matières importantes se traitent en général, le récit que je vous en ferais ne vous ennuierait certainement pas.

Je ne sais si cela tient au caractère du peuple, ou si ce n'est qu'un trait passager dans la physionomie du siècle, mais il n'y a rien qui me frappe autant que l'air de gaieté et d'indifférence avec lequel on discute des sujets auxquels tiennent les destinées du monde.

Les remarques les plus spirituelles, souvent même les plus profondes, sont proférées du ton du badinage, et le plus ou moins de probabilité d'évènemens futurs, desquels dépendent les plus chers intérêts de la France et de l'Europe tout entière, est calculée d'un air aussi dégagé et avec beaucoup plus de sang-froid que les chances d'une partie d'écarté.

Toutefois, je ne m'étonnerais pas si cette apparente indifférence cachait de toutes parts une ferme détermination, et il se passera bien du temps encore avant que la France puisse être considérée comme une nation unie. Si le pays était divisé en deux partis au lieu de l'être en trois, il est probable que la question de la victoire définitive serait plus tôt décidée; mais dans l'état actuel des choses, ils ressemblent beaucoup aux oncles et aux nièces dans *le Critique* de Sheridan, chaque parti tenant les deux autres en respect.

Ce partage des forces est incontestablement favorable au gouvernement actuel, qui tire en outre un grand motif de sécurité de la répugnance qu'éprouve tout le monde, excepté les gamins et les assassins affamés, à troubler la tranquillité présente. Il est évident que ceux qui n'appartiennent pas à la majorité triomphante, sont, pour la plupart, disposés à attendre une occasion plus favorable pour se déclarer ouvertement et commencer les hostilités; et, selon toute apparence, ils attendront long-temps. Ils savent fort bien, et tout le leur rappelle sans cesse, que le pouvoir et la force que la possession peut donner appartiennent à la dynastie actuelle; et, quoiqu'elle ait sans doute contre elle de grandes et profondes inimitiés, il y a cependant dans tous les partis tant de personnes qui sont fermement d'accord pour résister à toute anarchie ou révolution nouvelle, que le trône de Louis-Philippe repose sur une base aussi solide que celui d'aucun autre monarque de l'Europe. La crainte des troubles est pour lui comme la clé d'une voûte; elle tient ensemble les autres parties qui sans elle se détacheraient infailliblement et s'écrouleraient. Indépendamment de la crainte qu'ils ont de jeter leur maison par terre, il y en a une autre encore qui contribue à produire le même résultat. On m'assure que les jeunes séditieux qui ont tant aidé à faire naître la confusion dont le résultat a été le détrônement d'un roi et le couronnement d'un autre, sont tout prêts à recommencer, mais ils savent que s'ils l'essaient, on leur donnera bien certainement le fouet; aussi, quoiqu'ils boudent un peu quand ils sont entre eux, ils se montrent, généralement parlant, fort tranquilles en public. Tous ceux qui n'ont pas un intérêt direct au renouvellement des désordres, doivent se réjouir de cette amélioration dans la discipline. Les gamins de la France sont obligés de plier aujourd'hui devant les hommes faits, et, tant que cela durera, on pourra se flatter de conserver la paix et la prospérité du pays.

Cependant on ne saurait nier, je pense, que parmi ces hommes prudens, ces doctrinaires qui tiennent en ce moment le pouvoir, il n'y en ait beaucoup qui rêvent encore une république, et d'autres qui ne se sont pas encore accoutumés à bannir totalement de leurs méditations la foi, le droit et la fidélité; mais tous s'accordent pour penser qu'il vaut mieux laisser les choses telles qu'elles sont que de courir le risque de les rendre pires.

Rien n'est plus ordinaire que d'entendre se

terminer par l'aveu cordial et unanime de ce sentiment prudent et sage, une conversation qui avait commencé par un examen de principes généraux et par des professions de foi qui auraient dû conduire à une conclusion bien différente.

Il est assez amusant d'observer comment ces partisans du système d'utilité s'efforcent de trouver des raisons pour que les choses restent dans l'état actuel, en donnant à ces raisons les nuances variées de leurs diverses opinions.

« Charles X, dit un légitimiste par principe, mais un juste-milieu dans la pratique, Charles X a abdiqué le trône qui lui appartenait incontestablement par son droit imprescriptible; son héritier présomptif a suivi son exemple. Le pays n'était pas dans une situation à être gouverné par un enfant. Quel autre parti nous restait-il donc à prendre que de choisir un roi dans cette même race qui, depuis tant de siècles, occupait le trône de France. *Louis-Philippe est roi* parce que *il est Bourbon.* »

— « Pardonnez-moi, répond un autre qui

cherche à prouver, autant que cela peut se faire sans troubler la tranquillité qui l'entoure, que la seule légitimité que la France veuille admettre aujourd'hui est celle d'une monarchie élective : pardonnez-moi, mon ami, *Louis-Philippe est roi* quoiqu'il *soit Bourbon.* »

Ces deux partis des *parce que* et des *quoique* forment en réalité les grands appuis du trône de Louis-Philippe, car tous deux se composent de citoyens pleins d'expérience pratique, riches, qui, ayant connu les horreurs de l'anarchie, consentent à laisser leurs opinions particulières dans le vague, de peur de la ramener. Ce sont eux qui forment ce véritable *juste-milieu* sur lequel le gouvernement actuel se tient en équilibre.

Je conviens sans peine qu'il y a dans ce parti plus de prudence pratique qu'il n'y a de dignité de principes. Ils sont « plus sages dans leur génération que les enfans de la lumière. » Mais il est difficile, « ayant vu ce que nous avons vu, et voyant ce que nous voyons, » de porter un arrêt de condamnation bien sévère contre un système qui, pour le moment du moins, met en sûreté la vie et le bien-être de tant de millions d'hommes. On prétend que mon ami le baron a ébranlé mes principes légitimistes; mais je nie l'accusation, quoique je n'aie pas le courage de souhaiter de sang-froid que la confusion prenne la place de l'ordre, ou que la désolation d'une guerre civile vienne souiller l'aspect d'une prospérité qu'il est si doux de contempler.

Cette opposition entre ce qui est juste et ce qui est utile; cette incertitude de principes et d'actions est la conséquence inévitable d'une longue suite de convulsions politiques. Quand les temps se détraquent, l'esprit humain peut difficilement demeurer ferme et immuable. L'inconcevable variété de spéculations folles et changeantes qui ont étouffé en France la voix des croyances établies et de l'autorité reconnue, ont mis les principes du peuple dans un état qui ressemble à ces cercles magiques qui, quand ils sont en repos, offrent toutes les couleurs de l'arc-en-ciel, et qui n'ont plus de couleur du tout quand on les fait tourner avec un mouvement rapide.

La dernière soirée que j'ai passée était chez une dame qui se donne beaucoup de peine pour me faire voir ce qu'elle appelle *le Paris d'aujourd'hui.*

« Ma chère dame, s'écria-t-elle en me voyant entrer, j'ai réuni ce soir pour vous une société délicieuse. »

Elle était venue au devant de moi jusque dans l'antichambre, et mettant mon bras dans le sien, elle me fit entrer dans le salon. Il était déjà plein, et la société se composait principalement d'hommes. M'ayant fait asseoir sur un canapé, elle se plaça à côté de moi et me dit :

« Je vous présenterai toutes les personnes dont vous désirerez faire la connaissance ; mais auparavant il faut que je vous dise qui elles sont. »

J'exprimai ma reconnaissance, et elle commença :

« Ce grand monsieur est un zélé républicain, et sans contredit l'un des plus honorables de la *clique*. Son parti est presque usé parmi les *gens comme il faut*. Son père est de la même opinion que lui, et plus ardent encore. Dieu sait où ils en veulent venir!... Mais ils sont tous deux députés, et si l'un des deux, soit le père ou le fils, venait à mourir demain, leur convoi serait suivi jusqu'au Père La Chaise par une foule considérable, sans compter la nécessité absolue qu'il y aurait de faire mettre des détachemens de troupes sous les armes. *C'est toujours quelque chose ; n'est-ce pas ?* Je sais que vous les haïssez tous, et, à vous dire la vérité, j'en fais autant; *mais, ma chère dame, qu'est-ce que cela fait ?* J'ai pensé que vous seriez bien aise d'en voir. Je vous assure que les républicains commencent à devenir fort rares dans les salons. »

Je lui répondis qu'elle avait parfaitement deviné, et que, dans tout le Jardin des Plantes, il n'y avait pas d'animal que je fusse plus curieuse de contempler.

« *Ah ça*, reprit-elle en riant, *voilà ce que c'est que d'être raisonnable. Mais regardez ce beau garçon* qui s'appuie sur la cheminée. Il est du nombre des *fidèles sans tache*. N'est-il pas beau? Il vient à toutes mes réunions, et les femmes des ministres elles-mêmes déclarent qu'il est vraiment charmant. »

« Et ce petit vieillard en noir, qui a l'air si singulier? demandai-je; qui est-il?... Quel contraste! »

« *N'est-ce pas?* Ne vont-ils pas bien ensemble? C'est là précisément ce que j'aime; cela amuse tout le monde. Je vous assure que c'est un homme fort remarquable. En un mot, c'est M..., le célèbre athée. Il écrit dans le .... Mais l'Institut n'a pas voulu de lui. Cela n'empêche pas qu'on ne parle beaucoup de lui, et c'est là le principal. J'ai aussi deux pairs de France, fort distingués tous deux. Celui-ci est M. de... qui est, comme vous le savez, le bras droit du roi Louis-Philippe, et ce monsieur qui vient de prendre place immédiatement derrière lui, est le cher duc de... qui a vécu pendant des siècles dans l'exil avec Louis XVIII. Cette personne qui vous touche presque le coude, et qui cause avec cette dame en robe bleue, est le comte de P..., homme d'une piété exemplaire, qui suivait toutes les processions avec Charles X. La révolution lui a presque fait perdre la tête; mais on dit qu'il va dîner la semaine prochaine avec le roi Louis-Philippe. J'ai la plus grande envie de lui demander si c'est vrai; mais je n'ose, de peur qu'il ne soit obligé de me répondre que oui, et cela serait si embarrassant!... Mais, à propos, la personne que vous regardez en ce moment est aussi un pair de France, qui a refusé de juger les accusés d'avril. N'ai-je pas fait *l'impossible* pour vous? »

Je lui fis de sincères remerciemens, et comme je savais que le plus grand plaisir que je pusse lui faire était de prendre intérêt à sa *ménagerie*, je lui demandai le nom d'une dame qui causait avec beaucoup de véhémence à l'autre extrémité du salon.

« Oh! c'est là une personne que j'appelle toujours ma *dame de l'empire*. Son mari était une des créations de Napoléon, et Joséphine s'amusait toujours à la faire causer. Son langage et son accent sont impayables. »

— « Et cette jolie femme, dans ce coin du salon? »

— « Ah! elle est charmante!.... C'est madame V..., fille du célèbre vicomte de ... si dévoué, comme vous savez, à la cause royale; mais elle a épousé depuis peu un des ministres actuels; c'est un mariage d'inclination, innovation que l'on pardonne plus difficilement en France que l'élévation au trône d'une nouvelle dynastie... *Mais c'est égal...* Ils sont tous réconciliés... Maintenant, dites-moi, à qui voulez-vous que je vous présente ? »

Je choisis l'héroïne du mariage d'inclination, qui était non-seulement une des plus jolies personnes que j'eusse jamais vues, mais encore si enjouée, si spirituelle, si aimable, que j'ai passé peu de momens plus agréables dans ma vie que ceux qui suivirent ma présentation. Toute cette société hétérogène avait l'air de se mêler ensemble avec la plus parfaite harmonie. Le seul coup d'œil glacé que je remarquai fut celui que la personne que l'on m'avait désignée comme le bras droit de Louis-Philippe lança au grand député républicain, au convoi duquel, à croire mon amie, tant d'honneurs sont réservés. La *dame de l'empire* écoutait les doux propos d'un pair sans tache, et je vis les doigts du zélé catholique qui devait dîner avec le roi Louis-Philippe se glisser dans la tabatière du fameux athée.

LETTRE XXVIII.

Nouveaux Ouvrages. — Souvenirs, Impressions, Pensées et Paysages de M. De Lamartine.—MM. de Tocqueville et de Beaumont. — Nouveau Réglement adopté en Amérique. — M. Scribe. — Madame Tastu. — Accueil de différens écrivains dans la société.

———

Quoique parmi les nouveaux ouvrages que l'on m'envoie à lire j'en aie trouvé beaucoup qui m'ont causé à la fois de la fatigue et du dégoût, effet qu'ils doivent naturellement produire sur tous ceux qui, depuis une longue suite d'années, se sont nourri le cœur et l'esprit de la littérature du *bon vieux temps*, ce qui, dans le langage à la mode, signifie tout ce qui sent le vieux; malgré cela, dis-je, j'ai trouvé dans le nombre quelques volumes qui m'ont enchantée.

Les *Souvenirs, Impressions, Pensées et Paysages dans l'Orient*, de M. de Lamartine, sont un ouvrage qui me paraît tenir une place tout-à-fait à part dans la république des lettres. A mon avis, il n'y a rien qui lui ressemble, et rien surtout qui puisse l'égaler, soit comme recueil de paysages écrits, ou comme expressions de sensations poétiques et de pensées justes rendues avec un goût exquis.

Ses descriptions ont peut-être été égalées en vivacité par d'autres écrivains; mais quel est celui qui a peint des objets capables d'exciter un intérêt si profond, ou d'élever l'imagination à une hauteur si délicieuse?

Hélas! pourquoi les scènes qu'il décrit sont-elles si loin de nous qu'il devient impossible d'y arriver? Comme, après avoir lu ce livre, tous les autres pays de la terre paraissent petits, mesquins, remplis des vulgaires intérêts du monde, comparés avec la Judée!... Mais il y a peu de personnes qui puissent la visiter comme l'a fait Lamartine; moins encore qui sachent sentir comme il a senti, et aucune qui l'aurait décrite comme lui. Ses paroles semblent animées et étincellent sur le papier ; il verse autour de nous les rayons du soleil de l'Orient ; nous entendons le vent murmurer dans les palmiers ; nous voyons les flots rapides du Jourdain s'élancer entre ses rives fleuries, et nous sentons que le site où il nous a transportés est réellement une terre sacrée.

L'élévation de ses sentimens religieux et la ferveur poétique avec laquelle il les exprime, feraient croire qu'il était inspiré par la sainteté de l'air. On dirait qu'il a trouvé encore aux branches des saules de l'Euphrate les luths qui y furent suspendus jadis, et qu'il les a accordés de nouveau pour accompagner ses chants sur la terre de David. La manière dont ce voyageur, si éminemment poète, debout sur les ruines de Tyr, parle de la désolation et du désespoir qui paraissent vouloir de nouveau se fixer sur la terre, cause une émotion qu'aucun ouvrage moderne ne m'a fait éprouver.

Quand même la France n'aurait produit que ces volumes-ci, ils suffiraient pour racheter la honte dont tant de mauvais écrits ont couvert la nation, et qui lui ont été si hautement reprochés ; c'est d'ailleurs une grande consolation de penser que cet ouvrage est aussi assuré de vivre que tous les travaux de l'école diabolique le sont d'être oubliés. Il est peut-être avantageux pour nous de lire parfois des livres ridicules, afin d'apprendre à apprécier convenablement les pensées que nous trouvons dans les bons ; et tant qu'il y aura sur la terre des hommes en état de penser, de sentir et d'écrire comme Lamartine, notre position ne sera pas tout-à-fait désespérée.

Nous avons, à vrai dire, contracté une bien grande dette envers un auteur comme lui qui, s'emparant de l'imagination avec un pouvoir absolu, ne la conduit que dans des scènes qui purifient et qui élèvent l'ame. C'est un pouvoir terrible que celui que possède un pareil écrivain de nous mener avec lui partout où il lui plaît d'aller. Quand ce pouvoir est employé pour le mal, il ressemble beaucoup à celui d'un démon, qui tente, entraîne, invite, conduit, caresse pour détruire; mais quand c'est pour le bien, on dirait la main d'un ange qui nous guide vers le ciel.

Je comptais vous parler encore de plusieurs autres ouvrages qui m'ont plu; mais je ressens en vérité en voulant les citer l'embarras le plus étrange. J'ai autour de moi plusieurs livres nouveaux fort agréables dans leur genre; mais quand j'ai l'esprit plein de Lamartine et de la Terre-Sainte, tout autre sujet produit sur moi l'effet de la *platitude* et de l'amertume.

Il faut pourtant que je surmonte cette sensation pour vous dire que vous ferez bien de lire les ouvrages de MM. de Tocqueville et de Beaumont sur les États-Unis. On me dit à ce sujet que les Américains ont résolu de changer totalement de conduite par rapport à la manière nationale d'accueillir les portraits que les Européens font d'eux. Cette nouvelle loi se composera de trois articles. Par le premier il sera désormais défendu à jamais d'admettre aucun Européen dans l'intérieur des maisons américaines. Le second recommandera à tous les citoyens de s'abstenir de la lecture de tout ce qui aurait déjà été écrit sur eux ou pourrait l'être par la suite, dans quelque langue que ce soit. Le troisième article enfin stipule que, dans le cas où les deux premiers ne produiraient pas l'effet qu'on s'en promet, les Américains ne se mettront plus jamais en colère de rien de ce que l'on pourra dire sur leur compte. Si cette loi est adoptée pendant la présidence du général Jackson, elle immortalisera son règne plus que ne l'a fait le remboursement de la dette publique.

Ayant ainsi passé, je ne sais trop comment, de la Terre-Sainte aux États-Unis de l'Amérique, je sens que mon enthousiasme est suffisamment calmé pour pouvoir vous entretenir de choses moins sublimes que le pélerinage de Lamartine.

Un sentiment de justice m'oblige, en parlant des ouvrages modernes, de vous prévenir que vous seriez dans l'erreur si vous supposiez que toutes les nouvelles pièces de théâtre, qui éclosent ici avec la rapidité et l'éclat de ces fleurs qui ne durent qu'un jour, et qui ne vivent guère plus long-temps qu'elles; que ces pièces, dis-je, partagent toutes la nature et la tendance de celles que j'ai citées comme appartenant à l'école de Victor Hugo. J'en ai vu au contraire beaucoup et j'en ai lu davantage encore, de ces petits vaudevilles qui non-seulement sont sans reproche, sous le rapport de la morale, mais qui sont encore de petites comédies parfaites dans leur genre.

L'écrivain le plus célèbre pour ce genre de compositions est M. Scribe, et si ce n'était pas la facilité extraordinaire avec laquelle il produit ces jolies bagatelles, qui lui ont déjà assuré une fortune considérable, je dirais qu'il serait à désirer qu'il eût moins écrit.

Il a montré, dans plusieurs occasions, comme dans *l'Ambitieux*, dans *Bertrand et Raton*, etc., qu'il était capable de réussir dans la difficile composition d'une bonne comédie de caractère, aussi bien que dans la charpente aisée d'un brillant vaudeville. Il est certain, à la vérité, que, malgré tout ce que nous disons, et avec tant de justice, sur la corruption du goût en France, à l'époque où nous vivons, il n'y a jamais eu de temps où le théâtre fût aussi riche qu'à présent en petites pièces charmantes.

J'ai réellement peur de m'étendre davantage sur ce sujet par l'embarras des richesses. Si je voulais citer les titres de tous ces jolis petits riens, ma liste deviendrait si longue qu'elle lasserait votre patience : car quoique Scribe soit toujours la source la plus féconde de ces délicieuses nouveautés, et l'auteur qui jouit plus que tout autre de la faveur du public, il y en a encore un ou deux qui suivent ses traces à quelque distance, et qui tous ensemble composent, dans le cours de l'année, un nombre total de petites pièces dont le compte seul ferait frémir un directeur anglais.

Un écrivain tel que Scribe est un trésor national, une source inépuisable de plaisir pour ses gais compatriotes; aussi je ne crois pas qu'il existe aujourd'hui en France d'auteur dont la réputation soit aussi brillante et aussi solide. Plusieurs de ses pièces ont été importées avec succès en Angleterre, et, grâce au talent de Yates, nous commençons à n'être pas indignes de les posséder. Si nous ne pouvons espérer de voir les chefs-d'œuvre de Shakspeare, de Racine et de Molière, montées avec tout l'éclat des temps passés, ces petites pièces brillantes, légères, mordantes, enjouées, gracieuses, les remplacent assez bien, en attendant qu'une nouvelle génération d'acteurs s'élève digne de représenter les nouvelles tragédies que miss Mitford nous a données.

Une preuve de plus qu'il n'est pas nécessaire d'être vicieux pour obtenir la vogue à Paris, est que la pureté des poëmes de madame Tastu ne nuit point à leur succès. Elle écrit comme une femme doit écrire : avec grâce, sensibilité, délicatesse et piété.

Quoiqu'il soit évident que la poésie est son œuvre de prédilection, elle ne borne pas ses travaux littéraires à faire des vers; mais quand elle quitte ses muses chéries, c'est pour le désir d'être utile. Son ouvrage intitulé *Éducation maternelle*, serait une acquisition précieuse pour une mère anglaise qui voudrait donner de bonne heure des leçons de français à ses enfans. La prononciation et l'accentuation sont marquées dans son livre d'une façon qui ne peut manquer de faciliter la tâche, surtout à un étranger qui, lorsqu'il veut enseigner la langue sans le secours d'un maître du pays, rencontre précisément les plus grandes difficultés dans les parties dont ces premières leçons lui aplanissent la route.

C'est, ce me semble, une source assez grande de consolation et d'espoir, à une époque où une sorte de frénésie épidémique paraît s'être emparée universellement de l'esprit de tous les hommes; frénésie qui les porte à louer comme bon ce que l'expérience a démontré être mal, et à nous offrir comme des œuvres d'une imagination sublime des exemples d'un délire que l'on dirait avoir été recueillis dans un hôpital d'aliénés; c'est, dis-je, une grande source de consolation et d'espoir de voir qu'en définitive, si les mauvais ouvrages font du bruit un moment, les bons seuls obtiennent une réputation durable.

Qu'une personne, ayant l'habitude de réunir chez elle les hommes de lettres de Paris, fasse savoir à ses amis que tel jour elle aura M. de Lamartine, et l'on peut être sûr que, quand son appartement serait le plus vaste de Paris, avant onze heures du soir, il n'y aura plus de possibilité d'y pénétrer; tandis que si, au contraire, elle annonçait les auteurs de quelques-unes des obscènes horreurs qui ont déshonoré les théâtres de France, ceux-ci ne trouveraient en arrivant personne pour les admirer, et pourraient s'écrier comme Triboulet, quand il est seul :

Que je suis grand ici !

LETTRE XXIX.

Le Dimanche à Paris. — Groupes de famille. — Plaisirs populaires. — École Polytechnique. — Ressemblance des jeunes gens avec la figure de Napoléon. — Attachement constant pour l'Empereur. — Esprit conservateur des écoles anglaises. — Le Dimanche aux Tuileries. — Religion des personnes bien élevées. — Opinion populaire.

Le dimanche est un jour délicieux à Paris; plus même que dans aucune autre ville que j'aie visitée, à l'exception de Francfort : le plaisir est si universel et pourtant si domestique ! Si je jugeais du caractère national d'après les scènes qui se passent sous mes yeux ce jour-là, au lieu de recueillir mes idées dans les livres et les journaux, je dirais que le trait le plus marquant de ce caractère est l'affection conjugale et paternelle.

Il est rare de rencontrer un homme ou une

femme, en âge d'être marié et d'avoir de la famille, qui ne soit accompagné de son époux et de ses enfans. Il boivent tous ensemble leur bouteille de vin léger; le théâtre des plaisirs d'un époux l'est aussi de ceux de l'autre, et quelque petite ou quelque considérable que soit la somme qu'ils sont en état de consacrer à cette journée de récréation, elle est toujours dépensée en commun entre le mari et la femme.

Je suis souvent entrée le matin, à l'heure de la messe, dans les églises des différens quartiers de la ville, et je les ai toujours trouvées fort pleines. Quoique je n'y aie point observé de marques de cette espèce de dévotion de pénitence, si je puis m'exprimer ainsi, qui est si commune dans les églises de la Belgique, où les bras péniblement étendus rappellent les solennités indiennes, une attention grave et pieuse aux cérémonies de la religion n'en est pas moins universelle à Paris.

Ce n'est qu'après que la grand'messe est finie que la population se répand dans tous les quartiers de la ville et de ses environs, moins encore pour y chercher du plaisir que pour en voir prendre : et elle est sûre d'en trouver ; car on ne peut faire dix pas, dans quelque direction que ce soit, sans rencontrer un objet qui procure de l'amusement d'une espèce ou d'une autre.

Il n'y a pas de spectacle qui me plaise autant que celui d'un peuple nombreux, pendant ses heures de repos et de joie. Quand il se rassemble pour faire des lois, j'avouerai volontiers que je ne l'aime ni ne l'admire ; mais quand il se livre au plaisir, et surtout quand les femmes et les enfans y prennent part, la scène me paraît délicieuse ; et il n'y a pas de lieu au monde où elle se montre sous un aspect plus favorable qu'à Paris. La nature du peuple, celle du climat, la forme et les dispositions mêmes de la ville, en favorisent singulièrement le développement. C'est au grand air, sous la voûte azurée du ciel, et en présence de plusieurs milliers de leurs semblables, que les Parisiens aiment à s'amuser. Leur atmosphère brillante et pure semble avoir été faite exprès pour eux ; et ceux qui ont tracé le plan des boulevarts, des quais et des jardins de Paris, ont certainement réfléchi combien l'espace était nécessaire pour que ses sociables citoyens pussent se réunir.

Les jeunes gens de l'École Polytechnique forment un des traits les plus marquans du dimanche à Paris : car ce n'est que le dimanche et les jours de fête qu'il leur est permis de parcourir en liberté la ville; mais aussi, dans toutes les occasions de ce genre, les rues et les promenades publiques pullulent de jeunes Napoléon.

Il est tout-à-fait extraordinaire d'observer comme le résultat d'un principe ou d'un sentiment plein de force peut se montrer extérieurement sur un corps considérable d'individus, et donner de la ressemblance à des personnes que la nature avait faites aussi différentes que possible. Il n'y a pas un seul de ces jeunes gens de l'École Polytechnique, quoique le plus âgé d'entre eux ne fût pas encore né le jour où Napoléon quitta la France pour jamais, qui ne rappelle plus ou moins la figure bien connue de l'empereur.

Qu'ils soient grands, qu'ils soient petits, qu'ils soient gros, qu'ils soient minces, c'est toujours la même chose. Tous, sans doute à force d'avoir étudié leur modèle adoré, approchent réellement de cet air et de cette tenue qui, jusqu'au moment où le tyran le plus populaire qui ait jamais existé les eût rendus familiers aux yeux de la France, n'avaient pas le plus léger rapport avec la physionomie et le maintien ordinaire de ses citoyens.

Il est certain que l'art du tailleur contribue beaucoup à donner une ressemblance apparente à deux personnes; mais il ne peut pas faire tout ce que nous observons dans l'extérieur d'un élève de l'École Polytechnique, qui rappelle l'homme extraordinaire dont le nom, tant d'années après son exil et sa mort, est encore incontestablement celui qui émeut le plus les Français. L'époque qui s'est écoulée depuis sa chute a été pleine d'évènemens importans et du plus haut intérêt pour l'humanité; et pourtant sa mémoire est encore aussi vivante parmi eux que s'il ne fût rentré qu'hier en triomphe aux Tuileries, de retour d'une de ses cent victoires.

Oh! si le peuple souverain savait seulement

comprendre aussi bien qu'il sait lire !.. Oh ! s'il se trouvait quelque esprit chrétien qui voulût lui interpréter, dans des accens qu'il consentît à écouter, la vie et les aventures de Napoléon le Grand ! Quelle leçon plus frappante pour un peuple fatigué d'être gouverné, et qui demande à grands cris à se gouverner lui-même ! C'est précisément avec la même fatigue, précisément avec le même désir que ce peuple actif, intelligent et fort, rejeta, il y a quelque quarante ans, le joug de ses lois et l'autorité de son monarque. Alors il devint libre comme le sable du désert; dans toute cette vaste masse, il n'y eut pas un atome individuel qui n'eût eu le pouvoir de s'élever, grâce à cet ouragan, aussi haut que le vent sans frein de son ambition eût pu le porter. Et quelle en a été la suite? Les Français, emportés par ce tourbillon, dans lequel chaque homme heurtait son voisin sans qu'il y eût personne pour le lui défendre, en éprouvèrent des vertiges. Dans la frayeur qui s'empara d'eux, ils s'accrochèrent, comme des malheureux qui se noient, au premier audacieux qui vint essayer de les remettre sous le joug. Ils le suivirent pendant de longues années de guerre qui abattaient leurs rangs comme la faux couche par terre le blé quand il est mûr; et ils le suivirent sans murmurer. Pendant de longues années, ils lui permirent d'arracher d'auprès d'eux leurs enfans, à un âge où ils n'avaient pas encore épuisé sur eux leur tendresse paternelle, et ils les lui donnèrent et ne murmurèrent point. Pendant de longues années, ils vécurent privés du bien-être que procure le commerce, et ne recueillant de leurs travaux que le pain nécessaire à soutenir leur misérable existence, et ils s'en contentèrent et ne murmurèrent point; car ils revoyaient un prince sur le trône, ils avaient de nouveau des lois exécutées avec fermeté et qui les rassuraient contre les horreurs de l'anarchie. Ils demeuraient attachés à leur tyran et à ses décrets sévères, souvent même rigides, avec tout le dévouement de la reconnaissance et de l'affection, dévouement qui se manifeste encore par le culte qu'ils rendent à cet homme vaillant, qui vint les délivrer du terrible fardeau de l'autocratie.

Rien n'effacera jamais ce sentiment ; car sa tyrannie militaire a passé, et les bienfaits que sa puissance colossale lui a permis de répandre sur eux subsisteront tant que la France elle-même durera. Le seul moyen par lequel un autre souverain pourra parvenir à rivaliser de popularité avec Napoléon, sera de rivaliser de puissance avec lui. Si une partie du sang fiévreux qui agite encore la France était enlevée aux villes pour renforcer son armée; si cent mille enfans de la France marchaient pour rendre à l'Italie sa position naturelle en Europe, le pouvoir, la gloire et la popularité soutiendraient le trône, et la tranquillité serait rendue au peuple. Sans quelque remède de ce genre, la pauvre jeune France mourra de pléthore. Il lui faut ou cela ou un gouvernement aussi absolu que celui de la Russie pour l'empêcher de nuire. Et elle aura certainement l'un ou l'autre avant peu; c'est une chose dont je ne doute pas le moins du monde; car il y a beaucoup de très habiles gens au pouvoir ou sur ses degrés, qui ne tarderont pas à découvrir ce dont elle a besoin.

Dans l'intervalle, ce beau corps de jeunes gens reçoit, à ce que l'on m'a assuré, une éducation qui ne peut manquer d'en faire d'excellens officiers du moment où ils seront appelés à servir. Malheureusement pour la réputation de l'École Polytechnique, ils ont, dans les émeutes de 1830, joué un rôle qui n'a pas fait beaucoup d'honneur à ceux qui étaient chargés de les surveiller. Quoi qu'il en soit, le gouvernement qu'en France les hommes ont bien voulu accepter de la main des enfans semble réellement être plus sage et meilleur que celui qu'ils avaient droit d'attendre d'une autorité si étrangement constituée. Le nouveau gouvernement se sert sagement de la force qui lui a été donnée pour prévenir la répétition des excès auxquels il doit son origine, et l'on dit que ces beaux jeunes gens, retenus maintenant par une discipline très sévère, sont pour le trône un rempart qui n'est pas à dédaigner.

Mais l'on m'a assuré d'un autre côté qu'il n'en est pas de même de la plupart des jeunes gens réunis à Paris pour y faire leur éducation. Les ridicules idées du républicanisme se sont emparées d'eux, et, tant que l'on n'aura pas corrigé cet esprit, il faut s'attendre à de petites émeutes assez fréquentes.

Une des circonstances les plus heureuses en ce moment pour la pauvre Angleterre, c'est que ses jeunes gens ne sont point républicains. Tout au contraire, l'esprit de la génération qui s'élève est, parmi nous, décidément conservateur. Tous nos grands établissemens d'éducation sont torys jusqu'au fond du cœur. Les jeunes Anglais ont été réveillés, étonnés par le péril qui menace leur patrie. O'Connell, le roi mendiant, qui nous a envahis, a produit sur eux l'effet accoutumé dans toute invasion; et plutôt que de lui voir conquérir l'Angleterre et y régner avec sa cour papiste, ils s'élanceraient du fond de leurs colléges pour le repousser, en criant : « Camarades, nous le ferons à nous seuls ! » Et ils le feraient, quand même ils n'auraient pas de pères pour les aider.

Mais en parlant des êtres les plus gais et les plus heureux que nous montre le dimanche, j'oubliais de continuer la description de ce dimanche même. Combien ne voit-on pas de mères heureuses et fières de s'appuyer sur le bras d'un fils qui ressemble à un empereur, tandis qu'une jeune et jolie personne, que ses traits et la familiarité de ses manières font reconnaître pour la sœur de ce fils, annonce par ses sourires et sa gaieté que le jour de sortie de son frère est vraiment un jour de fête pour elle.

Je vous ennuie sans doute en vous parlant si souvent des Tuileries, mais je ne puis en sortir, surtout en décrivant le dimanche à Paris, car c'est là que se rassemblent les plus jolis groupes. L'histoire de la journée entière peut s'y lire. Aussitôt que les grilles s'ouvrent, on voit des hommes et des femmes, dans un déshabillé plus commode qu'élégant, les traverser dans toutes les directions, pour se rendre à la sortie qui conduit au quai et de là aux bains Vigier. Puis viennent les groupes d'après le déjeuner, et ceux-ci sont magnifiques. D'élégantes jeunes mères, en demi-toilette, accompagnent leurs *bonnes* et les jolies petites créatures confiées à leurs soins, afin d'assister pendant une heure aux joyeux ébats que la présence de la *chère maman* rend sept fois plus gais qu'à l'ordinaire.

J'ai souvent examiné ces mères, et toujours avec le même plaisir, essayant parfois de lire sans qu'il leur soit possible de fixer leur attention sur leur livre pendant une demi-minute de suite, forcées à la fin d'y renoncer tout-à-fait, et rester, l'inutile volume posé sur leurs genoux, pour répondre avec complaisance à toutes les questions enfantines qui leur sont adressées, tout en suivant des yeux, avec la douce satisfaction de la maternité, chaque attitude, chaque mouvement, chaque grimace de ces petites miniatures chéries, dans lesquelles elles se revoient elles-mêmes ou un être plus cher encore.

Depuis dix heures jusqu'à une heure de l'après-midi, le jardin pullule d'enfans et de leurs bonnes, et ces enfans sont, je vous l'assure, fort jolis et fort amusans avec leurs costumes bizarres et leurs petites volontés. Puis vient l'heure du dîner de la petite famille qui se retire, et c'est là le seul moment de la journée où il soit quelquefois possible de trouver la promenade inoccupée.

Le changement suivant de décoration amène les chapeaux roses, blancs, verts et bleus. Des plumes flottent au gré des vents, et des fleurs brillantes se voient de tous côtés. D'élégantes calèches descendent en roulant les rues de Castiglione et de Rivoli; des cabriolets arrivent de tous les coins pour déposer leur galante charge à la grille du jardin. Peu à peu de doubles et triples rangs de chaises sont occupés de chaque côté des allées, pendant que l'espace qui les sépare est une mouvante masse d'agréable oisiveté.

Ce spectacle se prolonge jusqu'à cinq heures. Alors l'élégante foule se retire, et un autre monde, moins gracieux peut-être, mais non moins animé, prend sa place. Les bonnets succèdent aux chapeaux; et le gros rire de la jeunesse et de la joie remplace les propos galans prononcés à demi-voix, le sourire silencieux et les diverses manières dont les personnes bien élevées se communiquent mutuellement leurs pensées, de façon à agiter le moins possible l'air qu'elles respirent.

A compter de ce moment jusqu'à la chute du jour, la foule continue à augmenter, et si l'on ne savait pas qu'en ce moment tous les théâtres, toutes les guinguettes, tous les boulevarts, tous les cafés de Paris sont remplis au point d'y étouffer, on pourrait croire que la population tout entière s'est rassemblée aux Tuileries pour se divertir sous les fenêtres du roi.

Dans les classes élevées, la soirée du dimanche à Paris est exactement semblable à celle de tous les autres jours de la semaine. Il y a le même nombre de réunions, ni plus ni moins, le même nombre de dîners, tout autant de parties de cartes, tout autant de danse, tout autant de musique; on va tout autant à l'Opéra; seulement les autres théâtres sont en général abandonnés aux gens endimanchés.

Il ne faut pourtant pas croire, parce que je n'en ai point particulièrement parlé, que les personnes riches ou nobles négligent totalement leurs devoirs de religion. Toutes les fois, au contraire, que je suis entrée, le dimanche, dans une église, à l'heure des offices, et cela m'est arrivé souvent, j'y ai toujours trouvé un grand nombre de personnes appartenant à la société la plus distinguée, et plus peut-être en proportion que partout ailleurs.

Néanmoins, pour ce qui regarde l'état général de la religion dans les hautes classes, il est aussi difficile de découvrir avec certitude ce qui en est, que de savoir au juste leur opinion politique par un calcul fait sur la masse.

Ce n'est pas qu'elles montrent la moindre réserve ou qu'elles refusent de s'expliquer sur l'un ou sur l'autre de ces sujets ; au contraire, chacun semble toujours prêt à répondre aux questions que l'on fait et à donner tous les renseignemens que l'on peut désirer ; mais la variété des rapports que l'on reçoit est inconcevable, et comme il m'est arrivé souvent d'entendre les assertions les plus fortes et les plus positives sur l'opinion de la majorité, faites par des personnes dans la sincérité desquelles je mettais toute confiance, et puis ces mêmes assertions nettement contredites l'instant d'après par d'autres non moins dignes de croyance, la conclusion que je tire de cela est qu'en effet l'esprit public flotte encore dans l'incertitude sous ces deux rapports.

Il n'y a qu'un seul point sur lequel je crois véritablement et absolument qu'il existe une majorité décisive ; c'est sur l'aversion que tout le monde éprouve pour toute nouvelle épreuve d'une forme quelconque de gouvernement républicain. Le parti qui soutient la démocratie est à la vérité celui qui fait le plus de bruit. C'est toujours là son usage. Ni la chambre des députés, ni la chambre des pairs n'ira la nuit sur les places publiques crier : Vive le roi ! et les citoyens tranquilles qui désirent le plus vivement le maintien du gouvernement existant, ne songent pas plus à quitter pour cela leurs boutiques que les pairs leurs hôtels, de sorte que tout essai que l'on ferait pour juger des sentimens politiques du peuple par les cris que l'on entend pousser dans les rues, ne pourrait manquer d'induire en erreur ; et pourtant c'est là-dessus que sont fondés presque tous les jugemens que l'on porte. Quant aux sentimens religieux qui existent dans la partie bien élevée de la nation, il est plus difficile encore de s'en former une juste opinion : car sous ce rapport, à ce qu'on m'a dit, les indices les plus forts ne prouvent souvent rien. En attendant, si des églises remplies au point d'y pouvoir à peine entrer sont une preuve de piété nationale, il est certain que le peuple de Paris est pieux, et il me semble qu'un simple spectateur comme moi ne devrait pas chercher à scruter la chose plus à fond.

LETTRE XXX.

Madame Récamier. — Ses Matinées. — Le Portrait de Corinne, par Gérard. — Le Portrait en miniature de madame de Staël. — M. de Châteaubriand. — Conversation sur la manière dont les étrangers comprennent la langue française. — De la nécessité de parler français.

De toutes les femmes dont j'ai fait la connaissance à Paris, celle qui me paraît offrir le plus parfait modèle d'une Française élégante est madame Récamier; cette même madame Récamier que je me rappelle d'avoir vue à Londres, je n'ose dire combien il y a d'années, l'objet de l'admiration universelle. Et chose merveilleuse! elle l'est encore. Autrefois je ne la connaissais que pour l'avoir vue en public, où on me l'avait désignée comme la plus belle femme de l'Europe; mais maintenant que j'ai le plaisir de la connaître personnellement, je comprends fort bien, et beaucoup mieux que vous ne pourriez le faire, comment et pourquoi il arrive que des charmes, d'ordinaire si passagers, soient si durables chez elle. Elle est, à vrai dire, un modèle de toutes les grâces. Elle est généralement reconnue pour être parfaite pour la personne, pour les manières, pour les mouvemens, pour la toilette, pour l'organe, pour le langage, et je ne saurais imaginer de meilleur moyen pour donner le dernier poli à l'éducation d'une jeune personne, que de lui procurer l'occasion d'étudier chaque pose, chaque geste de madame Récamier.

Il est certain qu'elle accapare une foule de talens et d'attraits qui, partagés dans les proportions ordinaires, suffiraient pour former une légion de femmes divines. Je n'ai jamais vu de Français qui n'ait avoué que, quoique les femmes de son pays fussent charmantes par certains agrémens qui paraissent leur appartenir en propre, il y avait, généralement parlant, moins de belles femmes parmi elles qu'en Angleterre; mais cependant, ajoutaient-ils, « *quand une Française se mêle d'être jolie, elle est furieusement jolie.* » Ce *mot* est aussi exact pour le fait que piquant pour l'expression. Une belle Française est peut-être la plus belle femme du monde.

La beauté de madame Récamier faisait d'elle jadis une merveille, et maintenant qu'elle a passé l'âge où la beauté est à son plus haut période, elle est peut-être plus merveilleuse encore : car je doute qu'elle ait jamais excité plus d'admiration qu'en ce moment. Elle est suivie, recherchée, regardée, écoutée, et, qui plus est, aimée et estimée d'un vaste cercle de la première société de Paris, dans lequel on rencontre les hommes de lettres les plus illustres de la France.

On est si généralement d'accord pour trouver son cercle aussi délicieux que sa personne, qu'en ajoutant ma voix à celle de tout le monde, je fais preuve, peut-être, d'autant de vanité que de reconnaissance pour le privilége d'y avoir été admise. Mais une fois que l'on a obtenu cette faveur, si l'on se trouve dans le cas de parler de la société de Paris, je ne crois pas qu'il soit possible d'omettre un trait aussi frappant de cette société que l'est le salon de madame Récamier. Elle fait en sorte que jusqu'aux objets inanimés qui l'environnent participent au charme que sa personne rend si remarquable.

Il y a dans tous ces objets une élégance finie qui offre un attrait irrésistible. Je suis souvent entrée dans des salons assez vastes pour contenir son appartement tout entier, mais je les ai toujours trouvés infiniment moins frappans dans leur magnificence que son charmant petit salon à l'Abbaye-aux-Bois. Les riches draperies de soie blanche, la teinte d'un bleu délicat qui s'y marie dans toute la pièce; les glaces, les fleurs, tout se réunit pour donner à cet appartement un air qui s'accorde merveilleusement avec sa belle habitante. On pourrait croire que madame Récamier elle-même est *vouée au blanc*; car elle ne porte absolument aucun vêtement qui ne soit d'une blancheur éblouissante, et, à dire vrai, le mélange de toute autre couleur semblerait presque une profanation auprès de l'exquise délicatesse de sa personne.

Madame Récamier reçoit le matin un petit nombre d'amis dont les noms sont donnés au domestique qui se tient dans l'antichambre. Ces visites se font tous les jours depuis quatre heures jusqu'à six. C'est là que je fus assez heureuse pour être présentée à M. de Châteaubriand, que depuis ce temps j'ai eu plusieurs fois la satisfaction d'y rencontrer, satisfaction que je n'oublierai certainement jamais, et pour laquelle j'aurais volontiers sacrifié la moitié des belles choses qu'un voyage à Paris procure l'occasion d'admirer.

Le cercle qu'elle reçoit ainsi n'est jamais considérable, et la conversation y est toujours générale. Le premier jour que j'y allai avec ma fille, nous n'y trouvâmes, je crois, qu'une dame et une demi-douzaine d'hommes, au nombre desquels était M. de Châteaubriand. Un magnifique tableau de Gérard, conçu avec hardiesse et sublimité, et exécuté avec sa perfection ordinaire, occupe un des côtés de cet élégant salon. Le sujet du tableau est Corinne, dans un moment d'inspiration poétique; elle tient sa lyre à la main et son front est couronné de lauriers. Si ce n'étaient les costumes modernes des personnages qui l'entourent, on pourrait la prendre pour Sapho. Jamais cette femme passionnée, martyr invoqué par les amans, n'a été peinte avec plus de sublimité, plus de sentiment d'une poésie élevée, plus d'exquise grâce féminine.

La vue de ce chef-d'œuvre fit naturellement tomber la conversation sur madame de Staël. On raconta sa liaison avec madame Récamier, comme aussi la réponse mordante qu'elle fit à un homme qui, s'étant placé entre elles deux, eût la maladresse de dire : « *Me voilà entre l'esprit et la beauté !* » — « *Sans posséder ni l'un ni l'autre*, » répondit madame de Staël. Ma connaissance de cette liaison m'engagea à profiter de l'occasion pour demander à madame Récamier si réellement madame de Staël avait eu l'intention de se peindre dans le personnage de Corinne.

« Assurément, me répondit-elle; l'ame de madame de Staël est complètement développée dans celle de Corinne. » Puis se retournant vers le portrait, elle ajouta : « Ces yeux sont les yeux de madame de Staël. »

Elle me fit voir une miniature représentant son amie dans tout l'éclat de sa jeunesse, à un âge où elle n'était certainement pas connue de madame Récamier. En effet les yeux avaient la couleur et l'expression d'inspiration de ceux que Gérard a donnés à Corinne. Mais l'artiste avait trop de goût ou trop peu de courage pour oser pousser la ressemblance plus loin. Les grosses lèvres et le menton court et gros de la véritable sibylle sont changés sur la toile en tout ce que la beauté d'une femme a de plus attrayant. L'âge qu'indiquent les traits offerts par la miniature, fait connaître, avec assez de certitude, l'époque où elle fut faite, et ne me donna pas une idée bien avantageuse du goût qui régnait à cette époque. Une tête coiffée à la Titus est placée sur des bras et sur un buste aussi dépourvus de draperies mais plus rebondis que ceux de la Vénus de Médicis. Pendant que nous regardions alternativement le tableau et le portrait, et que nous faisions des réflexions sur l'un et sur l'autre, je fus frappée du noble front, des beaux yeux et du langage singulièrement gracieux d'une personne qui était assise en face de moi.

Je fis observer à madame Récamier que peu de romans avaient eu l'honneur de fournir le sujet d'un aussi beau tableau que celui de Gérard, et j'ajoutai que, par divers motifs, elle devait être fort heureuse de le posséder.

« Cela est vrai, me répondit elle, mais ce n'est pas mon seul trésor en ce genre; j'ai encore le dessin original de l'Atala de Girodet, dont vous avez certainement vu bien souvent la gravure. Permettez que je vous le fasse voir. »

Nous la suivîmes dans sa salle à manger, où cet intéressant dessin est placé.

« Vous ne connaissez pas M. de Châteaubriand? » me dit-elle.

Je répondis que je n'avais pas ce plaisir.

« C'était lui qui était assis en face de vous dans le salon. »

Je la priai de vouloir bien me présenter à lui, et elle eut cette bonté quand nous rentrâmes dans le salon. La conversation reprit son cours de la manière la plus agréable. Lamartine,

Casimir Delavigne, Alexandre Dumas, Victor Hugo, et quelques autres, furent passés en revue et jugés avec une critique légère, mais vraie et spirituelle. Nos Byron, Scott, etc., suivirent, et il fut évident qu'ils avaient été non-seulement lus, mais compris. Je demandai à M. de Châteaubriand s'il avait connu lord Byron. Il me répondit :

« *Non*, et ajouta : *Je l'avais précédé dans la vie et malheureusement il m'a précédé au tombeau.* »

On examina la question jusqu'à quel point une nation est parfaitement capable d'apprécier la littérature d'une autre, et M. de Châteaubriand se prononça pour l'opinion que cette appréciation devait nécessairement être très imparfaite. Il fit à ce sujet bien des observations qui me parurent d'une vérité incontestable, surtout en ce qui concerne les nuances légères et délicates d'expression, dont la grâce subtile semble si constamment échapper à la première tentative que l'on fait pour la transporter dans une autre langue. Cependant je crois que la plupart des Anglais, en état de lire le français, sont plus *au fait* de la littérature de la France que M. de Châteaubriand ne le suppose.

L'usage si généralement répandu parmi nous de lire cette langue pour ainsi dire au sortir de l'enfance, nous la rend plus familière qu'il ne pense. Il a paru douter que nous pussions comprendre Molière, et a nommé La Fontaine comme un auteur que nul autre qu'un Français ne peut sentir.

Je ne saurais convenir de cela, quoique je ne m'étonne pas qu'une pareille idée existe. Tous les Anglais qui viennent à Paris sont absolument obligés de parler français, qu'ils le sachent ou non. S'ils ne peuvent en prendre le courage, ils doivent renoncer à l'espoir de parler ou de s'entendre adresser la parole du tout. Il me semble que cette circonstance seule suffit pour expliquer d'une manière très satisfaisante ce doute sur l'étendue de la connaissance que les Anglais ont de la langue française. Tout Français, pourvu qu'il ait l'occasion de rencontrer de temps en temps des Anglais dans la société, doit nécessairement avoir les oreilles et la mémoire remplies de faux accords, de faux temps et de faux accens; faut-il s'étonner d'après cela qu'il pose comme un fait certain que ceux qui parlent ainsi ne comprennent point la langue qu'ils écorchent si cruellement? Cependant, quelque plausible que soit cette conclusion, je ne sais si elle est juste. L'helléniste le plus savant, soit en France, soit en Angleterre, serait-il en état de soutenir une conversation familière en grec? Le cas est précisément le même : car j'ai connu bien des personnes qui étaient, sans contredit, capables de goûter la beauté des ouvrages français avec le goût pur d'un critique achevé, et qui auraient été probablement inintelligibles s'ils avaient essayé de parler cette langue pendant cinq à six minutes de suite; tandis que d'autres, au contraire, qui avaient eu l'avantage d'avoir une femme de chambre ou un valet français, possédaient un accent fort passable et beaucoup de facilité pour imiter les tournures familières de la conversation, mais auraient été fort embarrassées s'il eût fallu faire la construction du passage le plus facile de Rousseau.

On rencontre, parmi les Français bien élevés, un grand nombre de personnes qui lisent l'anglais et qui entrent, avec beaucoup de justesse, dans l'esprit de nos écrivains; mais entre ces mêmes personnes, il n'y en a pas une sur cinquante qui voulût prononcer un seul mot d'anglais dans la conversation. Quoiqu'ils supportent de notre part avec une gravité polie et tout-à-fait imperturbable, les bévues les plus comiques qu'il soit possible de faire, ils ne veulent point courir le risque d'en commettre à leur tour. Tout ce qui a rapport aux manières de la bonne société est regardé comme sacré par ses membres, et s'ils croient manquer à la *bienséance* en riant des erreurs des autres, ils évitent avec le même soin l'impardonnable offense d'en commettre eux-mêmes.

Je ne crois pas qu'il fût possible à un Français d'entrer en conversation, pour le seul plaisir de causer quand cela n'est pas nécessaire, sans qu'il soit certain d'avance, ou du moins sans croire qu'il est certain de s'exprimer avec pureté et élégance. L'idée d'énoncer une pensée, fût-elle la plus brillante ou la plus noble qui soit jamais entrée dans l'esprit d'un homme, de l'énoncer, dis-je, en des termes baroques ou ridicules, serait accompagnée d'une sensation de répugnance qui suffirait pour imposer silence au plus vif et au plus loquace de tous les Français.

Les Anglais sont donc obligés, durant l'heureuse époque de relations constantes et intimes entre les deux pays dans laquelle nous vivons, de faire, dans toutes les occasions, le sacrifice de leur vanité pour satisfaire leur goût pour la conversation, faisant solécisme sur solécisme, et confondant tous les accens, plutôt que de renoncer à l'extrême plaisir d'écouter les phrases bien arrondies, les périodes gracieuses, les tours épigrammatiques, qui forment une partie si essentielle de la véritable conversation des Français bien élevés.

Mais les doutes exprimés par M. de Châteaubriand sur la capacité des étrangers pour bien saisir toute la finesse et la grâce des écrivains français, ne se bornent pas aux Anglais seulement. Les Allemands en partagent l'effet avec nous ; et il cita à cette occasion un des plus célèbres critiques de l'Allemagne qui, dans un ouvrage récemment publié, a commis les erreurs les plus étranges en plaçant, parmi les écrivains illustres de la France, des hommes qui n'y ont jamais joui de la moindre réputation.

Dans les visites que j'ai faites depuis à madame Récamier, je l'ai plus d'une fois amenée sur le chapitre de l'illustre amie qu'elle regrette, et c'est avec un intérêt infini que j'ai prêté l'oreille à tout ce que cette charmante femme m'a raconté de madame de Staël. Chaque mot qu'elle prononçait semblait un mélange de peine et de plaisir, d'enthousiasme et de regret. Il est douloureux de penser à l'impossibilité qui existe pour elle de jamais remplacer une semblable amie. Elle paraît le sentir et s'être entourée en conséquence de tout ce qui pouvait contribuer à lui rappeler la mémoire de celle qu'elle a perdue. Dans sa chambre à coucher on voit l'original du portrait posthume de madame de Staël, par Gérard, que tout le monde connaît, et qui a été reproduit, non-seulement par la gravure, mais encore sur des vases de porcelaine, des tasses, etc. La miniature dont j'ai parlé est toujours auprès d'elle, et la figure inspirée de sa Corinne, dans laquelle il est évident que madame Récamier croit retrouver, de son amie, une ressemblance qui ne se borne pas seulement aux traits de la physionomie, semble être pour elle un objet de vénération autant que d'amitié.

Il est délicieux pour moi de me rapprocher ainsi, avec un seul intermédiaire, d'un être que j'ai toujours été accoutumée à regarder comme planant dans les nues. Quelque admirable, quelque aimable que soit sous cent rapports à mes yeux madame Récamier, son ancienne amitié et ses regrets constans pour madame de Staël donnent un bien plus haut degré de sublimité à l'intérêt qu'elle m'inspire.

FIN DU TOME PREMIER.

TABLE

DES

MATIÈRES CONTENUES DANS LE TOME PREMIER.

LETTRE PREMIÈRE.

Pages.

Difficulté de rendre compte systématiquement de ce qui se passe aujourd'hui en France.—Plaisir de revoir Paris après une longue absence. — Ce qu'il y a de changé. — Ce qui est resté de même. 1

LETTRE II.

Absence de l'ambassade anglaise. — Menace du Procès-Monstre. — L'église de la Madeleine. — La Statue de Napoléon. 8

LETTRE III.

Le jargon à la mode. — Les jeunes gens de Paris. — La Jeune France. — Le Rococo. — Le Décousu. 15

LETTRE IV.

Le Théâtre-Français. — Mademoiselle Mars. — Elmire. — Charlotte Brown. — Extrait d'un sermon. 22

LETTRE V.

Le Salon. — Il y a de la maladresse à mettre les tableaux modernes au-dessus des anciens. — Martin. — Steuben. — Delaroche. — Les Portraits. — Les Spectateurs. — Quel genre de liberté la révolution a donné au peuple français. 29

LETTRE VI.

Charme de Paris. — Air de gaieté. — Aisance qui règne dans la société. — Charme des réunions sans cérémonie. 42

LETTRE VII.

Inquiétude causée par le Procès-Monstre. — Visite d'un Républicain. — Visite d'un Doctrinaire. — Ce dernier me rassure par ses promesses de sûreté et de protection 51

LETTRE VIII.

Éloquence de la chaire. — L'abbé Cœur. — Sermons à Saint-Roch. — Brillante assemblée. — Costume du jeune Clergé. 64

LETTRE IX.

Littérature de l'École révolutionnaire. — Elle est peu estimée en France. 75

LETTRE X.

Longchamp. — Les trois Heures d'agonie à Saint-Roch. — Sermon sur la Passion. — Espérances des Catholiques. O'Connel. 85

LETTRE XI.

Salle d'audience au Luxembourg. — L'Institut. — M. Mignet. — Le Concert Musard.   98

LETTRE XII.

Le Jour de Pâques à Notre-Dame. — L'Archevêque. — Victor Hugo. — Vue de Paris. — L'Hôtel-Dieu. — M. Jefferson.   107

LETTRE XIII.

Le Monomane.   117

LETTRE XIV.

Le jardin des Tuileries. — Le Légitimiste. — Le Doctrinaire. — Le Républicain. — Les Enfans. — Toilette des Femmes. — Celle des Hommes. — Cheveux noirs. — Libre entrée. — Anecdote.   131

LETTRE XV.

Police des rues. — Cardage de matelas. — Étamage de casseroles. — Construction de maisons. — Préparatifs pour les boueurs. — Manque d'égouts. — Mauvais pavé. — Obscurité.   145

LETTRE XVI.

Préparatifs pour la fête du roi. — Arrivée des troupes. — Les Champs-Élysées. — Concert dans le jardin des Tuileries. — Silence du peuple. — Feu d'artifice.   155

LETTRE XVII.

Conversation avec un Républicain. — Suite des préparatifs pour le Procès-Monstre. — La *Garde municipale*. — La Garde nationale. 168

LETTRE XVIII.

Commencement du Procès. — Tactique des accusés. — Conversation parisienne. — Le causeur mystérieux. 182

LETTRE XIX.

Victor Hugo. 195

LETTRE XX.

Versailles. — Musée projeté. — Souvenirs des Bourbons. — Les Trianons. — Mauvais dîner. — Les eaux de Saint-Cloud. 220

LETTRE XXI.

Histoire du vicomte de B***. — Ses opinions. — État de la France. — Doctrine de l'*utilité*. 233

LETTRE XXII.

Le cimetière du Père La Chaise. — Réflexions morales. — Manière différente d'exprimer la douleur en France et en Angleterre. — Le tombeau d'Abeilard et d'Héloïse. — Autres tombeaux. 245

LETTRE XXIII.

Personnes *remarquables*. — Personnes *distinguées*. — Dame métaphysicienne. 254

LETTRE XXIV.

Expédition au Luxembourg. — L'admission des femmes. — Les portraits de Henri. — Le costume républicain. — Le quai Voltaire. — Inscriptions sur les murs. — Anecdote du maréchal Lobau. — Accusation. 268

LETTRE XXV.

La Chapelle expiatoire. — Les Statues. — Personnes qui la fréquentent. — Le Marché aux fleurs de la Madeleine. — Visité par les petites-maîtresses. 287

LETTRE XXVI.

Comparaison entre les idées de décence en France et en Angleterre. — Causes de la différence qu'elles présentent. 297

LETTRE XXVII.

Raisons pour ne pas nommer les individus dont j'ai occasion de parler. — Impossibilité d'éviter la politique. — Parce que et quoique. — Soirée des antithèses. 311

LETTRE XXVIII.

Nouveaux Ouvrages. — Souvenirs, Impressions, Pensées et Paysages de M. de Lamartine. — MM. de Tocqueville et de Beaumont. — Nouveau règlement adopté en

Amérique. — M. Scribe. — Madame Tastu. — Accueil de différens écrivains dans la société. 328

LETTRE XXIX.

Le Dimanche à Paris. — Groupes de famille. — Plaisirs populaires. — École Polytechnique. — Ressemblance des jeunes gens avec la figure de Napoléon. — Attachement constant pour l'Empereur. — Esprit conservateur des écoles anglaises. — Le Dimanche aux Tuileries. — Religion des personnes bien élevées. — Opinion populaire. 339

LETTRE XXX.

Madame Récamier. — Ses Matinées. — Le Portrait de Corine, par Gérard. — Le Portrait en miniature de madame de Staël. — M. de Châteaubriand. — Conversation sur la manière dont les étrangers comprennent la langue française. — De la nécessité de parler français. 356

FIN DE LA TABLE.

www.ingramcontent.com/pod-product-compliance
Lightning Source LLC
Chambersburg PA
CBHW070441170426
43201CB00010B/1171